シリーズ・ケースで読み解く経営学 3

SERIES
Learning Business Administration
from Cases

決断力にみる リスクマネジメント

亀井克之［著］

ミネルヴァ書房

はじめに

――リスクマネジメントの流れのなかから

経営学のなかで、リスクマネジメントほど難しい分野はないといえる。みなさんが現場で感じているように、できて当たり前、できなければ批判されるようなところがある。経営戦略やマーケティングのように、成功して大きな利益があがるというわけではない。うまくいってもマイナスをプラス・マイナス・ゼロに戻すというのが基本である。

まずは、「リスクマネジメント」という考え方がどのような流れで生まれてきたのかをみていこう。

経営学の分野で、最初にリスクマネジメントの重要性を指摘したのはフランスのアンリ・ファヨール（以下、敬称略）である。ファヨールは1916年の論文「産業ならびに一般の管理」のなかで、企業活動のひとつとして保全的職能（Security Function）を取り上げた。これが経営学におけるリスクマネジメントの考え方の出発点である。ファヨールは、保全的職能とは、「資産と従業員を守ること」だと説明した。また、現在のPDCAサイクルにつながる考え方を示したのもファヨールだ。とりわけ重視したのが将来の予測（プレビジョン）に基づいたP（Plan：計画）である。計画とは、情報を収集し、決断を下して示された道筋をまとめたものだといえる。リスクマネジメントのサイクルもリスク処理の計画を立てることから始まる。

リスクマネジメントの歴史における二歩目は、アメリカのラッセル・ギャラガーが示した。1956年にギャラガーは、ハーバード・ビジネス・レビュー誌に「リスクマネジメント──コスト管理の新局面」(Risk Management: New Phase of Cost Control)という論文を発表した。この論文は、アメリカでリスクマネジメントが市民権を得るきっかけになった。そのなかで示された命題は、「リスク管理や安全管理にどれだけコストをかけられるのか」であり、これは現代に続く永遠の課題である。リスク管理と安全管理にどこまでコストをかけるかの決断はリスクマネジメントを考えるうえで最も重要な視点である。

1960年代になると、アメリカで、保険管理の考え方のひとつとして、リスクマネジメントが開花した。続々と専門書が出版され、それらの紹介という形で、1970年代から日本に本格的にリスクマネジメントという考え方が導入された。この時期の特筆すべき出来事は、リスクを保険の対象となる「純粋リスク」(事故・災害)と、「投機的リスク」(ビジネス活動に伴う不確実性)とに分類する考え方ができたことである。当初、リスクマネジメントは保険管理または安全管理と同じものとみなされ、投機的リスクは対象外とするのが主流だった。こうして純粋リスクのマネジメントの理論的体系が確立された。

1990年代に入ると、リスクマネジメントは純粋リスクを対象とした保険管理、安全管理、災害管理だけではなく、投機的リスクをも対象とした経営管理、経営戦略の一分野として、広く認知されるようになった。その結果、コーポレート・ガバナンス、内部統制、コンプライアンス、CSR、レジリエンスなどと関連づけられるようになった。

もっとも現代的なリスクマネジメントの考え方は、2004年にアメリカのCOSO（Committee of Sponsoring Organizations of Treadway Commission：トレッドウェイ委員会支援組織委員会）が発表したERM（Enterprise Risk Management）や2009年に発表されたリスクマネジメントの国際規格ISO 31000に結実している。現在では、全社的なリスクマネジメント体制の構築、企業価値向上に貢献するリスクマネジメントの実践が定着している。

本書ではリスクのなかでも投機的リスクを中心に扱っている。投機的リスクとは、事業機会に伴う「とるリスク」であり「決断のリスク」である。それゆえ決断の主体である経営者に関わる「経営者リスク」に注目しなければならなくなる。そのため、本書では、リスクマネジメントを語るにあたり、「決断力」を中心テーマにすえた。

では、決断力からみた現代リスクマネジメントの要点とは、どのようなものであろうか。次の10項目をみていこう。

①リスクの「特定」「想定」から、対応手段の「決定」に至る決断
②「リスク最適化」（ロスの最小化とベネフィットの最大化）の決断

③最悪の事態（ワースト・シナリオ）から逆算して今なすべきことの決断
④2つのC（Communication＝リスク対応についての共通理解、Coordination＝リスク対応のための調整・態勢づくり）を土台にした決断
⑤リスクマネジメントのCSR（Choice＝手段の選択、Someday Somewhere＝いつかどこかで事故や災害に遭遇する可能性、Respect＝現場でリスク対処に汗を流す人たちへのリスペクト）を重視した決断
⑥失敗に学ぶ決断、災害を教訓とする決断
⑦短期的利益ではなく長期的な視点で守るべきものを尊重した決断
⑧心と体の「健康」を優先する決断
⑨起業、倒産回避、事業承継を軸とした「中小企業のリスクマネジメント」をめぐる決断
⑩保険をめぐる決断。(a)保険に入るかどうか、(b)入るとすればどのような保険を選択するか、(c)どの保険会社を選択するか、(d)保険事故（保険金が支払われる場合）や免責（保険金が支払われない場合）を勘案し、どのような契約内容とするか。

中国の古典『貞観政要《じょうがんせいよう》』は「草創《そうそう》と守成《しゅせい》のどちらが難しいか」と問いかけて、守ることの大切さを説く。リスクをとって新しいものを築き上げるのは困難を伴うが、それにも増して、それを守り、維持し、継承していくことが難しいのだ。

本書では、誤った決断をしたり、決断を先送りしたりして、苦境に陥った組織の事例についても多く扱っている。しかし筆者には「失敗に学んで」「教訓を得て」輝きを取り戻すことへの期待や、トップの決断ミスにより現場で苦労している方々への「応援」の気持ちがある。

決断力が必要なのは何も企業のトップだけではない。現代社会に生きる私たちは、社会全体に影響を及ぼすような社会的なリスク（ソーシャルリスク）に直面している。首都直下型地震やテロがその例である。こうしたソーシャルリスクに対しては、企業、家庭、地域社会、学校、行政が連携して対応する必要がある。これをソーシャルリスクマネジメントという。本書において大切な考え方である。

さあスタート。マイペースで、本書を通して読者のみなさんといっしょにリスクマネジメントについて考えていこう。

目次

第1章　危機管理とリーダーシップ……023

ケース5

東芝の不正会計問題と当事者のあるべき姿勢……075

東芝（日本）

第3章 事業承継とリスクマネジメント

第4章　健康経営とリスクマネジメント

第7章　経営戦略に関するリスクマネジメント……213

第8章 企業の不正とリスクマネジメント

序章

リスクマネジメントの基本フレーム

1 リスクマネジメントの本質

日本の経営学の分野では、1978年に初めてリスクマネジメントについて書かれた2冊の本が出版された。まず、片方善治『リスク・マネジメント—危険充満時代の新・成長戦略』（プレジデント社、1978年1月）である。この本のなかで片方は、「不確実性に対する企業の挑戦こそリスク・マネジメント」であると述べた。

次に、亀井利明『危険と安定の周辺—リスク・マネジメントと経営管理』（同朋舎、1978年4月）が出版され、現代のERM（エンタープライズ・リスク・マネジメント）[★1]に通じる考え方を提起した。その主な特徴は次の通りである。

・将来の不確実で巨額の損害発生の可能性を、現在の確定的な少額の費用に置き換えるという考え方が、リスクマネジメントの根本的発想である。
・リスクマネジメントは、企業の倒産を防止し、企業経営の合理的運営をはかるためになされる企業危険の科学的管理である。
・リスクマネジメント部門はライン部門として位置づけるべきものではなく、全般管理

スタッフと部門管理スタッフの双方を担当するスタッフ部門として位置づけるのが妥当である。★2

・危険充満の時代に生き残るため、全企業危険全般にわたる管理でなければならない（「純粋リスク」だけを対象とするアメリカ流の保険管理型理論が主流だった時代に、「投機的リスク」を対象に加えた経営管理型・経営戦略型リスクマネジメントの意義を主張している）。

また、亀井利明は1980年に出版された日本で最初の企業リスクマネジメントの理論書『リスクマネジメントの理論と実務』（ダイヤモンド社）のなかで、次のように定義した。

> リスクマネジメントとは、人間の危険予知本能に基づき、危険を制御し、危険に準備するための活動であり、危険の合理的費用化の活動である。

★1―リスクマネジメントに関わる企業全体での取り組みのこと。全社的リスクマネジメントとも呼ばれる。

★2―企業組織はライン部門とスタッフ部門との2つから構成される。ライン部門は直接的に売上に関係する部門（製造部門、営業部門など）を指し、スタッフ部門はライン部門を支援する間接的な部門（人事部門、経理部門など）を指す。

経営学におけるリスクマネジメントをわかりやすく表現するならば、「①リスクを**特定**（確認）し、②その可能性と影響について**想定**（分析・評価）し、③どのように対応するかを**決定**するプロセス」といえる。これを筆者は「3つの〝定〟」と呼ぶ。また、未来に予想される大規模な損害発生の可能性について、現在の確定した小規模のコストに置き換えること（コストとベネフィットの検討）ともいえるだろう。

後述するリスクマネジメントの国際規格ISO 31000（2009年）では、リスクを「目的に対する不確かさの影響」、リスクマネジメントを「リスクに関して組織を指揮し、統制する調整された活動」とそれぞれ定義している。

ちなみに、2016年の『中小企業白書』（中小企業庁編）では、第2部第4章「稼ぐ力を支えるリスクマネジメント」において、リスクマネジメントを主題にしている。こうしたことも、企業価値の向上を志向した現代において企業リスクマネジメントがいかに重要であるかを端的に表している。

2 決断こそリスクマネジメントの原点

ピーター・バーンスタインが『リスク』（日本経済新聞社、1998年）のなかで述べているように、リスク（Risk）という言葉の語源はイタリア語のリジカーレ（Risicare）に由来し、「勇気をもって試みる」「岩山の間を航行する」といった意味をもつ。バーンスタインによれば、リスクは運命的なものではなく、選択や決断を意味している。[★3]つまり、リーダーの選択や決断がリスクマネジメントにおいて重要であるのだ。そして、リスクを伴う決断を支えるのはリスク感性である。リスク感性とはリスクに気づく力であり、これが、いざというときに即断即決するための「直感力」「リーダーシップ」「コミュニケーション力」などに影響する。

このリスク感性を高める方法としては、まず前提として自分の専門分野において研鑽《けんさん》を積むことが何より重要だが、そのうえで、次のような取り組みが有効である。

①異なる分野・立場・年代の人との交流
②異文化体験
③芸術にふれること
④歴史上の人物や経営者が、いかなる決断を下したかを学習する

★3―ピーター・バーンスタイン『リスク―神々への反逆』青山護訳、日本経済新聞社、1998年、23ページ。

3 リスクとリスクマネジメントの意義

経営学において、リスクは「純粋リスク」(Pure Risk) と「投機的リスク」(Speculative Risk) の2種類に大別されてきた。純粋リスクとは事故や災害のように、マイナスの影響のみを招くリスク (Loss Only Risk) である。一方、投機的リスクとは、ビジネスチャンスに伴う不確実性で、マイナスの影響とプラスの影響のどちらかを招くリスク (Loss or Gain Risk) である[表序-1 (→p.9)]。

■純粋リスク (Pure Risk) ↑リスクトリートメント (リスクに対応する)

・マイナスの影響 (ロス) のみを生じるリスク (Loss Only Risk)

・オペレーショナルリスク

・事故・災害・賠償責任発生の可能性

・「守る」「防ぐ」「保険をかける」ことに関わる決断の対象

■投機的リスク (Speculative Risk) ↑リスクテーキング (リスクをとる)

・マイナスの影響（ロス）とプラスの影響（ゲイン）のどちらかを招く可能性（Loss or Gain Risk）
・ビジネスリスク・戦略リスク
・新規事業展開、設備投資、新製品開発、資金調達、M&Aなどの成否をめぐる不確実性
・ビジネスチャンスや経営戦略に関わる決断の対象

近年では、大規模な自然災害、新型インフルエンザの流行など、社会的なリスク（ソーシャルリスク）への対応、つまりソーシャルリスクマネジメントが重要視されるようになった。目先の利益を追い、自己保身に終始する考えではなく、同じ地域・社会で活動する個人、組織が協力してリスクマネジメントを担うことが大切だ。

そのうえでまた、昨今はメンタルヘルスの不調を訴える人の増加が顕著になっている。これも社会における大きなリスクであり、身体の健康と心を対象にしたリスクマネジメント、危機管理の整備が急務になっているといえるだろう。

図序 -1 ★純粋リスク（事故発生の可能性）の要素

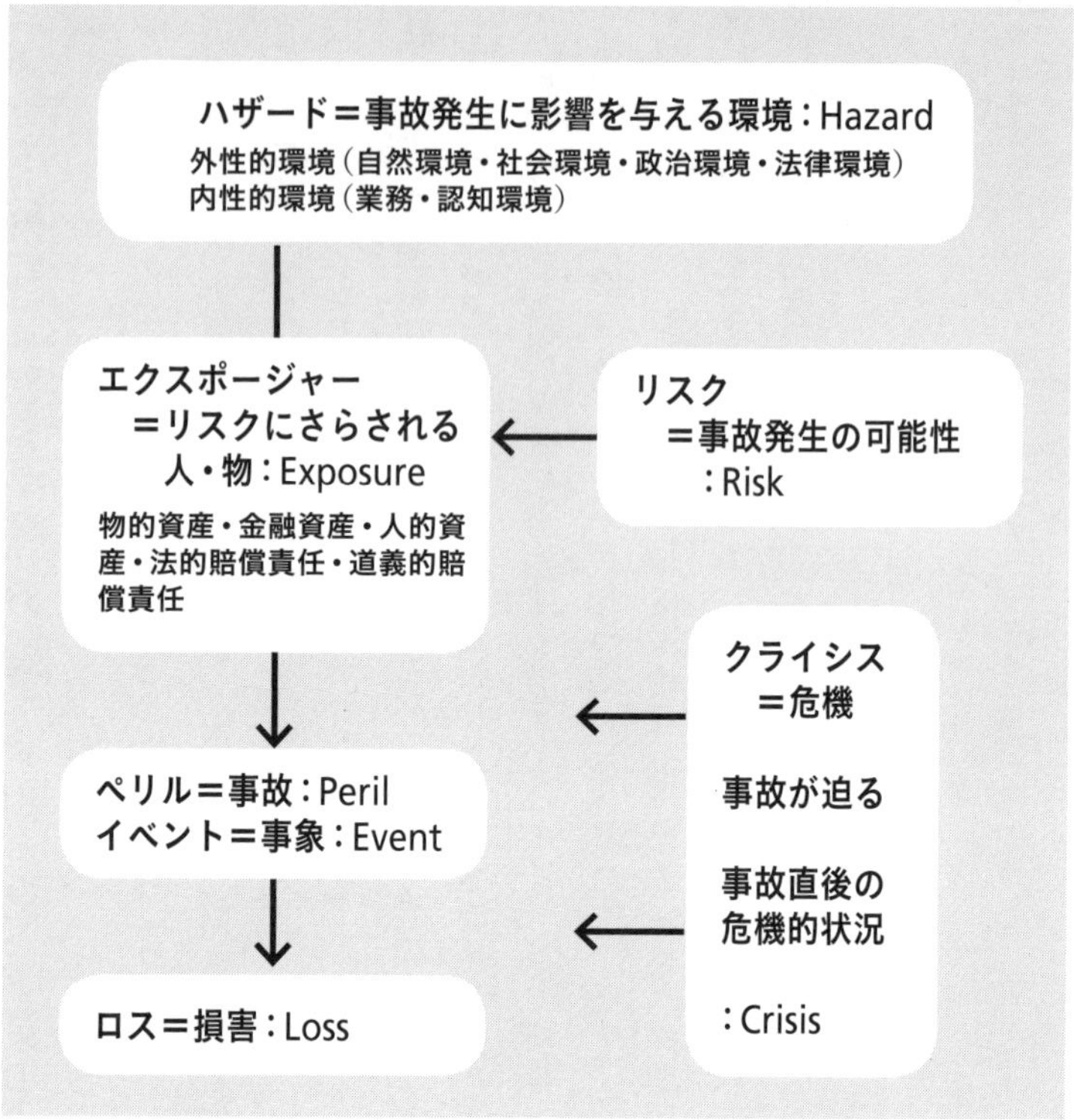
ハザード＝事故発生に影響を与える環境：Hazard
外性的環境（自然環境・社会環境・政治環境・法律環境）
内性的環境（業務・認知環境）
エクスポージャー
＝リスクにさらされる
人・物：Exposure
物的資産・金融資産・人的資産・法的賠償責任・道義的賠償責任
リスク
＝事故発生の可能性
：Risk
クライシス
＝危機
事故が迫る
事故直後の
危機的状況
：Crisis
ペリル＝事故：Peril
イベント＝事象：Event
ロス＝損害：Loss

表序 -1 ★純粋リスクと投機的リスクの関連

職能	リスク			
	投機的リスク	→	純粋リスク	
			事象	結果
人事	新製品開発に向けた技術者の採用と研修	→	研修期間終了後の技術者の事故死	採用・研修費用の損失
生産	生産性向上のための作業場の移転	→	移転した作業場での火災発生	移転に伴う費用の損失
販売	製品販路開拓のための海外市場進出	→	販売した製品の欠陥で顧客に危害	投資の損失

出典：Jacques Charbonnier, *Le risk management*, L'Argus, 2007, p.33 をもとに筆者訳

表序 -2 ★ハザード（事故発生に影響を与える環境・状況）ベースのリスク対応例

ハザード1	備品保管施設の乱雑、メンテナンス不足	リスク対応	清掃とメンテナンスの手続きを定める
ハザード2	洪水	リスク対応	水源地の管理
ハザード3	廃水処理	リスク対応	水処理施設の適切な整備
ハザード4	駐車場路面の凍結や劣化	リスク対応	除雪、凍結防止剤の散布、定期的メンテナンス

出典：Young and Tippins, *Managing Business Risk*, Amacom, 2001,pp.143-144（ピーター・ヤング、スティーブン・ティピンズ『MBAのリスク・マネジメント』宮川雅明訳、PHP研究所、2002 年、102 ページ）

表序 -3 ★ペリル（損失の原因となる事故）・ベースのリスク対応例

ペリル1	火災	リスク対応	耐火建材の使用
ペリル2	地震	リスク対応	建造物の改装工事
ペリル3	駐車場の照明不足	リスク対応	照明の追加、警備の充実
ペリル4	小売店舗の滑りやすい階段	リスク対応	滑り止め素材の使用

出典：表序 -2 と同じ

4 リスクの要素

リスクマネジメントは、保険管理や安全管理に関する考えから出発している。2002年のリスクマネジメント用語に関する国際規格ISOガイド73では、リスクは「事象の発生確率と事象の結果の組み合わせ」と定義されていた。伝統的な純粋リスクのリスクマネジメントについての考え方では、リスクは「事故発生の可能性」と理解され、具体的に次の要素を含む［図序-1（→p.8）、表序-2（→p.9）、表序-3（→p.9）］。リスクマネジメントを展開する場合、リスクのどの要素にアプローチするのかを明確にすることが有効である。★4

5 危機管理とリスクマネジメントの考え方

危機管理とリスクマネジメントの関係は次のようにまとめることができる。

■事前のリスクマネジメント

・気づく力としての「リスク感性」の発揮

・リスクの洗い出し（リスクの特定・想定）

・災害対策、事故防止、保険加入、資金準備（リスク対応）

・安全管理計画、事業継続計画（BCP）

・平常時からリスクを意識し訓練（シミュレーション訓練）

・「どのようなリスクがあるのか」「どう対応するか」についての共通理解と態勢づくり

■事後の危機管理

・決断力としての「リスク感性」の発揮

・リーダーシップ、決断、コミュニケーション

・トップの明確なメッセージ「今何が起こっているのか」「どの方向に向かうのか」

・レジリエンス（復元力）

・時間経過後：失敗に学ぶ、災害の教訓に学ぶ

★4―ピーター・ヤング、スティーブン・ティピンズ『MBAのリスクマネジメント―組織目標を達成するための絶対能力』宮川雅明・高橋紀子・坂本裕司訳、PHP研究所、2002年、101〜103ページ。

6 リスクマネジメントの国際規格

リスクマネジメントの国際規格としては、ＩＳＯ ３１０００（Risk management -Principles and guidelines、リスクマネジメント—原則及び指針）があり、２００９年に発行された。これに伴い、日本の規格は、２００１年に制定されたＪＩＳ Ｑ ２００１（リスクマネジメントシステム構築のための指針）から、２０１０年にはＩＳＯ ３１０００を日本語訳したＪＩＳＱ３１０００となった。

リスクマネジメントについてはさまざまな見解が示されているが、ＩＳＯ ３１０００は各学際分野から専門家が集い、作り上げたものであり、筆者はこの枠組みを大切にすべきだと考える。たとえばＩＳＯ ３１０００が示すリスクマネジメント・プロセスなどの枠組みは、企業のみならず、あらゆる組織にリスクマネジメントを導入する際の規範となりえる。ＩＳＯ３１０００によるリスクマネジメント・プロセスは図序-２（→p.13）の通りである。

図序-2★ISO 31000によるリスクマネジメント・プロセス

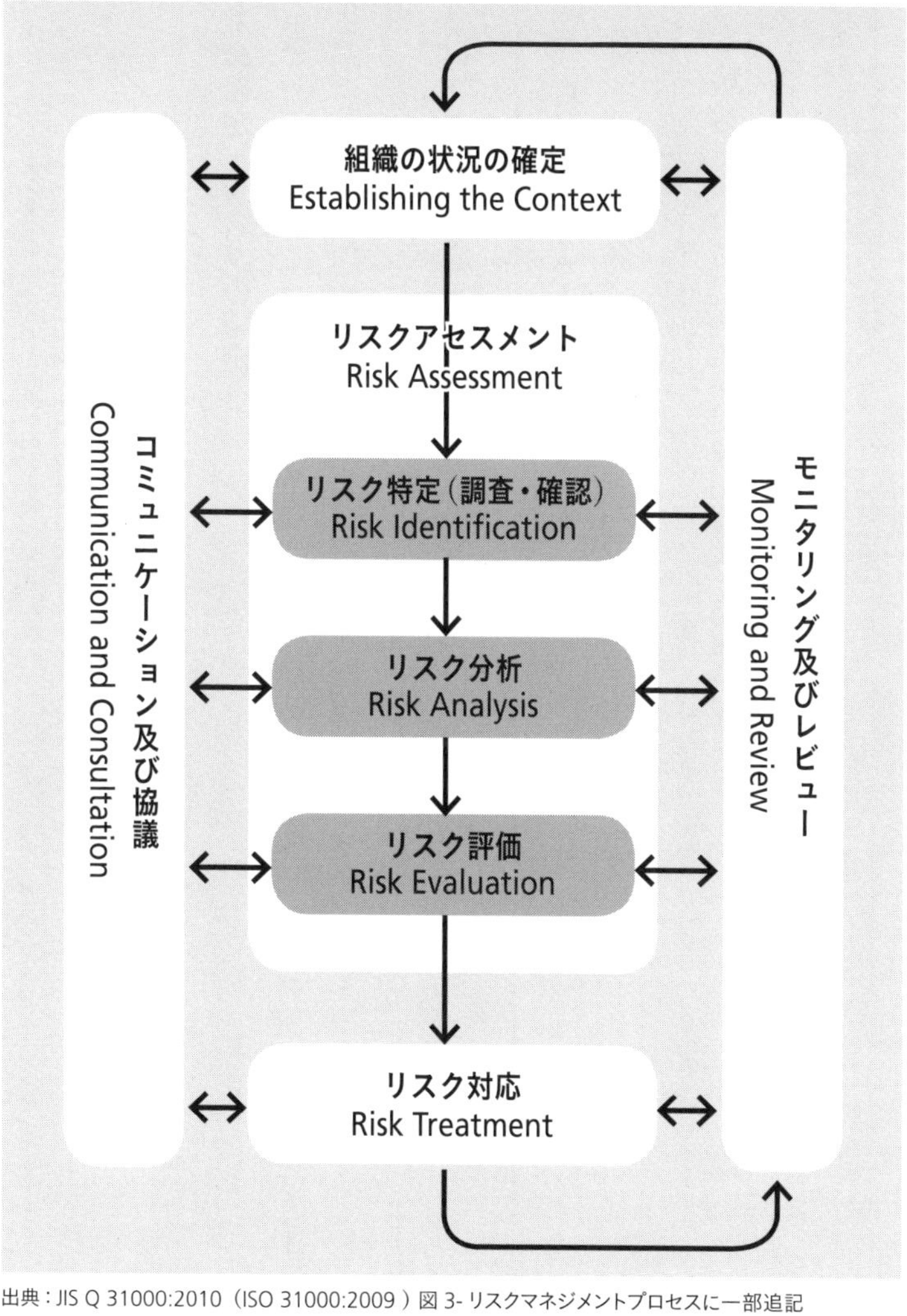

出典：JIS Q 31000:2010（ISO 31000:2009）図3-リスクマネジメントプロセスに一部追記

7 リスクマネジメントのプロセス

状況の確定・リスクの特定

リスクマネジメントを考えるプロセスの第1段階は、「組織の状況の確定」（Establishing the Context）となる。その後、リスクアセスメントを実施する。その第1段階としてリスクの「特定（調査・確認）」を行う。これはリスクを洗い出して「発見」することを指す。その際、たとえば次のような点を押さえるべきだろう。

①組織にはどんな人、物が存在するか
＝人的資産と物的資産のチェック、エクスポージャーの洗い出し
②どんな事故の可能性があるか
＝人的リスク、物的リスク、責任リスク、費用リスク
③事故が、どんな損失の形態をとるか
＝人的損失、物的損失、債権回収不能、利益喪失、損害賠償責任

これらを特定する方法としては現場確認、聞き取り、チェックリスト（Check List）、フローチャート（Flow Chart）などを用いる。

ハインリッヒの法則

リスク特定では、ハインリッヒの法則（Heinrich's Law）に留意することが大切である。これは重傷や死亡を引き起こす1件の重大な事故の背景には、軽微な29件の事故があること、さらにその背景には３００もの小さな事故要因（ヒヤリ・ハット）があるとする考えである。このヒヤリ・ハット事象があったタイミングで、「事故にならず運がよかった」で済ませるのか、「これは大事故の予兆かもしれない」と意識するか。ここがリスクマネジメントの成否の分かれ道となる。

最後にリスク特定に関わるリスクの三様相をあげておく。

- リスクは隠れている（Risk hides.）
- リスクは変化する（Risk changes.）
- リスクは繰り返す（Risk repeats.）

リスクの想定

リスクアセスメントの次の段階としては、リスクの分析・評価を行い、その影響度を予測することが求められる。これをリスク想定という。想定すべきことは、①事故の発生確率・頻度（Frequency）と、②事故が発生した結果、生じる損害の規模、すなわち事故の強度（Severity）である。特定されたリスクが、いかなる確率と頻度で現実の事故として発生し、その結果、いかなる影響を及ぼすかを分析・評価する。

こうした想定と、先の特定に基づき、リスクを可視化したものが「リスク・マップ」である。リスクマネジメントの担当責任者だけがリスクを認識していても、ほかの構成員が認識不足であれば、組織全体としてのリスクマネジメントは向上しない。だが、リスク・マップは誰が見てもリスクを認識できるように「見える化」したものであり、組織を構成する一人ひとりがこれを把握することでリスクマネジメントの向上が期待できる。

東日本大震災以後、たとえ発生頻度（Frequency）が小さくても、一度発生すると甚大《じんだい》な被害をもたらすような強度（Severity）の大きな地震など、あらゆる自然災害を想定して備えることが重要だという認識が広がっている。

たとえば、製薬メーカーのエーザイでは、２００５年以来、コンプライアンス・リスク管理推進部がＣＳＡ（Control Self Assessment：統制自己評価）の手法を用いて、全社におけるリスク管理を支援している。具体的には、全世界のおおよそ９００人の組織長自身が、各組織の

「リスクを3～5つ抽出し」「それぞれの対応策を立案する」というプロセスを遂行することで、３０００項目以上に及ぶリスクを管理する。半年後には、その対応策の実行効果についても自己検証している。これらのリスク項目は、「発生頻度」と「影響度」の観点からリスク評価するとともに、カテゴリー化することで傾向分析なども行っている。

リスク対応策の決定

リスク対応策の決定とは、リスクトリートメントともいわれる。これは「リスクコントロール（事故防止・災害対策）」と「リスクファイナンス（資金準備・保険活用）」の2つの柱と、「回避」「除去・軽減」「転嫁・移転・共有」「保有・受容」の4つの手段がある［表序-4（→p.18）］。

自動車の運転を例にすれば、体調不良あるいは睡眠不足である場合に車の運転をとりやめる（リスクの回避）、運転する際はスピードを落とし前後左右の確認を徹底する（リスクの除去・軽減＝事前防止）、シートベルトをする（事後の損失の軽減）などがリスクコントロールに相当する。一方、自動車保険への加入（リスクの転嫁・移転）がリスクファイナンスに相当する。

私たちはリスクを「回避」せずに行動を起こした場合、できる限りリスクを「軽減」しようと努める。それでも残存する「残余リスク」については、他者にリスクを「移転」または、他者とリスクを「共有」しようとする。さらに軽減・移転・共有しきれない部分について、リスクを「保有」することになる。

リスクの保有には、①リスクに対する無知から結果的に保有していたという「消極的保有」と②リスクを十分認識したうえでこれを保有するという「積極的保有」の2つがある。積極的保有の場合であっても、あらかじめ何らかの対策を立てたうえで保有する場合と、何も対策を講じず放置する場合（先送り）とがある。もちろん、気づけばリスクにさらされていたという消極的な保有ではなく、リスクの存在を十分に意識したうえで、リスクを受け入れているという積極的な保有の状態

表序-4★リスクコントロールとリスクファイナンス

リスクコントロール ハード・コントロール：事前の物理的な予防・事故防止・損害軽減策の採用 ソフト・コントロール：理念の共有、共通理解、教育・訓練	
回避（やめる）	リスクを伴う行動の中止
除去・軽減（減らす）	リスクの防止（予防・軽減）、リスクの分散・結合
リスクファイナンス 事故発生に備えた財務手段・事故発生後の資金繰りと補償・資金の手当て	
転嫁・移転（他に移す） 共有（分担する）	保険・共済・基金の利用、ART（代替的リスク移転）
保有・受容（受け入れる）	リスク負担、自家保険[＊1]、キャプティブ[＊2]

＊1　自家保険：企業自身が不測の事態に備えてあらかじめ一定の金額を積み立てておくこと。
＊2　キャプティブ：保険以外の事業を営む会社がグループ内に保険子会社を設立すること。

表序-5★企業におけるリスクコミュニケーション

(a) 企業内部におけるコミュニケーション （トップマネジメント←→ミドルマネジメント←→現場）	(b) 企業外部に対するコミュニケーション （企業←→ステークホルダー：株主・投資家・消費者・地域社会）

↓　リスク情報の開示

①企業を取り巻くリスクについての共通理解： →リスクをめぐる状況についての価値観を共有
②①のリスクにどのように対応するかについての共通理解： →リスク克服に向けた価値観を共有

が望まれる。ＩＳＯ　３１０００も「情報に基づいた意思決定によって、リスクを保有すること」を説いている。

リスクを保有する意思決定については「一部保有」「安全弁」という考え方がある。リスクを全面的に保有するのか、一部回避したうえで部分的に保有するのか、一部軽減したうえで保有するのか、一部移転したうえで保有するのか。つまりリスクを保有するとしても、リスクの移転先などの安全弁をどのようにするかの決断である。

8 リスクマネジメントの2つのC

ひとつめのC「コミュニケーション」

企業経営におけるリスクコミュニケーションとは、①「わが社はどのようなリスクに直面しているのか？」②「そのリスクにわが社はどのように対応するのか？」について(a)組織内部と(b)組織外部のステークホルダーとの間で**共通理解**を図ることを意味する。

①（リスクについての共通理解）と(b)（外部との共通理解）の組み合わせの代表例が「リスク情報の開示」である。その例が、株主総会における発表、有価証券報告書における「対処すべき課題」「事業等のリスク」「財政状態、経営成績及びキャッシュ・フローの状況の分析」

「コーポレートガバナンスの状況等」の記載、内部統制に関わる「損失の危険の管理に関する規程その他の体制」に関する記述などである［表序-5（→p.18）］。

「事業等のリスク」の例として、エーザイでは次の事項を示している。製品の安全性および品質に関するリスク、副作用発現のリスク、訴訟に関するリスク、法規制に関するリスク、知的財産に関するリスク、新薬開発の不確実性に関するリスク、医療費抑制策に関するリスク、ジェネリック医薬品に関するリスク、海外展開におけるリスク、他社とのパートナーシップに関するリスク、企業買収や製品買収等に関するリスク、外部への業務委託に関するリスク、ITセキュリティおよび情報管理に関するリスク、財務報告に係る内部統制の整備等に関するリスク、金融市況および為替の動向に関するリスク、工場の閉鎖または操業停止のリスク、環境に関するリスク、災害等に関するリスクである。

2つめのC「コーディネーション」

ISO 31000はリスクマネジメントについて「リスクに関して組織を指揮し、統制する**調整**された活動」と定義している。

現代の企業の場合、リスクマネジメントの調整役を担う「リスクマネジメント委員会」などの組織を設置することが定着している。生産、販売、情報といった各職能部門のみに関わるリスクに対しては、各部門で対応する。リスクマネジメント委員会が扱うのは、複数部門にまたがるリスクや、全社的に影響を及ぼすリスクである〔図序-3〕。

先に例として取り上げたエーザイの場合、２０１６年から本格的にＥＲＭを導入し、全社的な重要リスクの一元管理を担うリスクマネジメント委員会を設置した。委員長は、コンプライアンスおよび内部統制を担当する執行役が務め、ほかのメンバーとして代表執行役を含む４名の執行役と４名の管理部門長で構成されている。事務局はコンプライアンス・リスク管理推進部が務めている。

リスクマネジメントの組織体制を構築するうえで必要なのは、いかなる組織体制を構築しようと、現場からトップに至るまで、**全社的にリス**

図序-3★「調整」を担うリスクマネジメント委員会

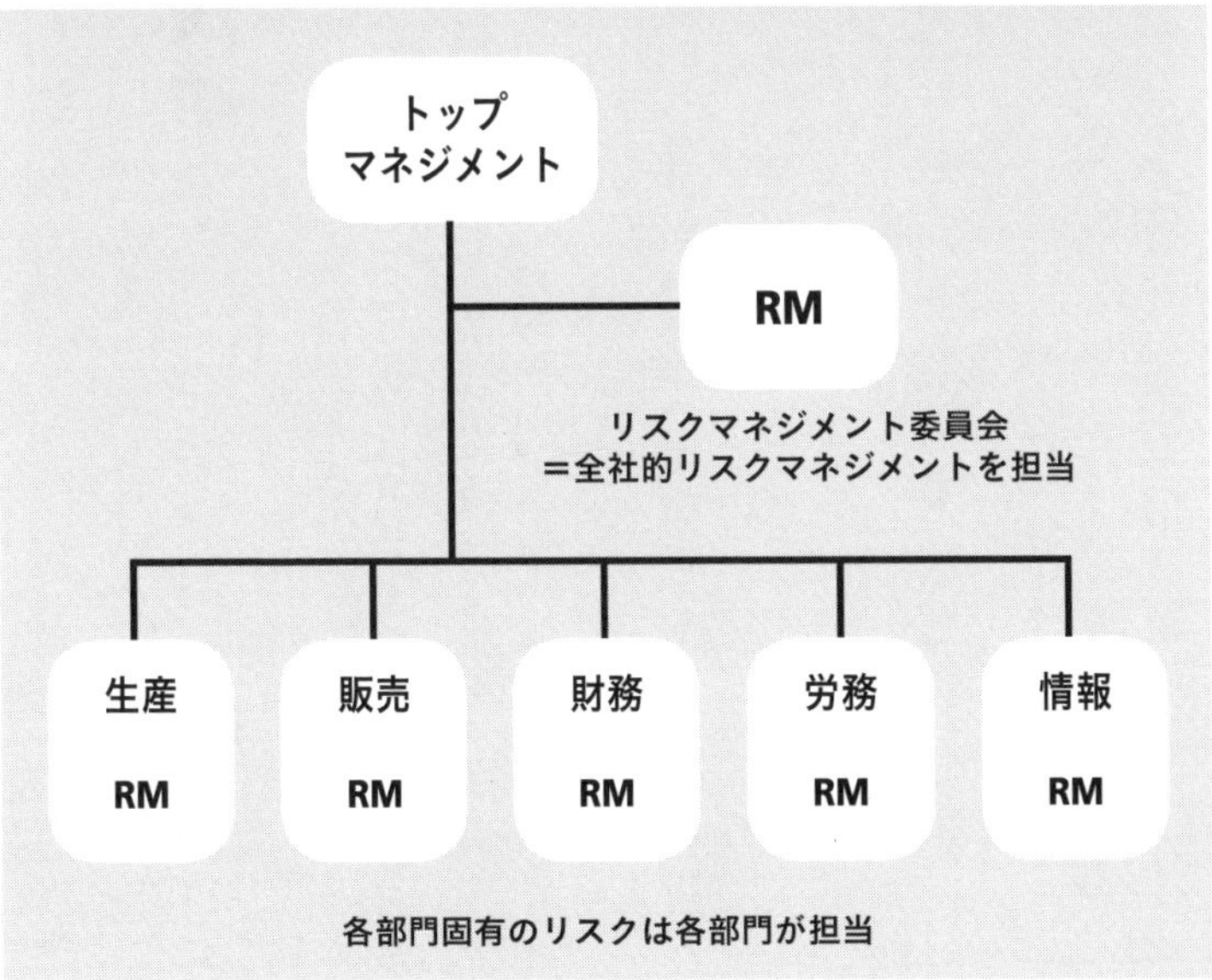

ク感性を高める視点である。

9 ジレンマにおける決断

残念ながら、リスクがまったくない、リスク・ゼロという状況はありえない。企業を脅かすリスクがあるからこそ、それを乗り越えようとして、私たちは努力するわけである。その結果、進歩を遂げ、企業価値が向上していくのではないだろうか。企業にとって「リスクはクスリ（薬）」にもなるわけだ。

以降の章では、リスクに直面してジレンマ的状況に陥った際の決断をテーマに、具体的なケースをみていこう。

危機管理とリーダーシップ

第1章
Chapter

キーワード

リーダーシップ
リスクコミュニケーション
経営理念
ワースト・シナリオ

―――はじめに―――

経済のグローバル化や情報・通信インフラの著しい進歩によって、企業を取り巻く経営環境は日々変化にさらされている。事業を立ち上げ、展開していくにあたって、その途上に起こりうるリスクを想定するのは当然のことである。だが、こと近年では誰も予測できない危機に直面することもめずらしくない状況となっている。直面する危機に対して、企業の舵取りを行う経営トップはいかなるリーダーシップを発揮して、難しい局面を乗り越えていくのか。

本章では「タイレノール事件と経営トップの対応」(ケース 1)、ルノーや日産自動車の経営危機を救い、現在も三菱自動車の再建に注力するカルロス・ゴーンをクローズアップした「日産・三菱自動車の再建とゴーン流危機管理」(ケース 2)、さらにケース 1、2 と対照的な事件として「雪印による集団食中毒事件と経営トップの失態」(ケース 3) についてそれぞれ概観しよう。

ケース 1

タイレノール事件と経営トップの対応

ジョンソン・エンド・ジョンソン（アメリカ）

- 企業が危機に直面した際に、経営トップは都合の悪い事実を「否認」することなく、現実を「受容」したうえで、コミュニケーションを積極的に行うことが大切である。
- 「経営理念」に徹して対処することで危機管理に成功し、最終的には社員とブランドを守ることができた。

1 看板商品の信頼を揺るがした危機

ジョンソン・エンド・ジョンソン★1は、世界的にヘルスケア関連のビジネスを展開する企業である。今日においては、絆創膏や洗口液、化粧品、コンタクトレンズといった一般消費者に向けた広範な事業領域をカバーしている。創業した事業は、世界初の滅菌済み包帯、救急用絆創膏「バンドエイド」など医療用具の製造・販売であり、今なおヘルスケアを重視している点は変わっていない。そうした同分野の信頼をゆるがした危機こそ、タイレノール事件である。タイレノールは当時のアメリカで最も売れていた鎮痛剤であり、およそ1億人が服用していたジョンソン・エンド・ジョンソンの看板商品である（現在も販売されている）。これが販売中止となれば、同社の経営に相当な影響がでるだろうということは、想像にかたくない。

1982年9月29日、アメリカ・イリノイ州シカゴ郊外の村で、12歳の少女が原因不明の死を遂げた。この後に7人が相次いで原因不明のまま死亡したが、いずれの現場にも鎮痛剤「タイレノール」があったとの噂《うわさ》があり、同商品の関連性について地元メディアから同社へ問い合わせがあった。

事件発生とマスコミの間で広がる噂について広報部長は副社長へ、副社長はCEO（最高経営責任者）のバーク会長へ即座に報告。事件の翌日には幹部会議を招集した。さらに90分後には広報部長、副社長と、ジョンソン・エンド・ジョンソンの子会社でタイレノールを製造するマクニール・コンシューマー・プロダクツ（以下、マクニール）のデビット・コリンズ会長が、ペンシルベニア州フォートワシントンの工場へ、ヘリコプターで急行し、製造現場を確認した。

この後の捜査で、犯人はシアン化合物をタイレノールに混入させ、これが死因になったことが判明した。タイレノール自体に問題はなかった。だが、バーク会長はゴールデンタイムのニュースに自ら出演し、消費者には服用の中止を、薬局や医療従事者には販売中止を呼びかけ、異物混入に対する防御が十分な容器を開発し、切り替えることを宣言した。

★1——1886年、米ニュージャージー州ニューブランズウィックにて、ロバート・ウッド・ジョンソン、ジェームス・ウッド・ジョンソン、エドワード・ミード・ジョンソンの三兄弟によって創業された。滅菌済みの外科用包帯を世界で初めて製品化するなど、革新的な医療・ヘルスケア関連製品の開発で知られる。合併や吸収を経て、現在、世界最大規模の総合ヘルスケア企業となっている。

2 経営理念に基づき、企業の社会的責任を果たす

同社には「我が信条（Our Cred）」と呼ばれる経営理念がある［図1-1（→p.29）］。

> **ジョンソン・エンド・ジョンソン「我が信条」**[★2]（Our Credo）より抜粋
>
> 第一の責任：我々の製品およびサービスを使用してくれる医師、看護師、患者、そして母親、父親をはじめとする、すべての顧客に対する責任。
>
> 第二の責任：全社員——世界中で共に働く男性も女性も——に対する責任。
>
> 第三の責任：我々が生活し、働いている地域社会、更には全世界の共同社会に対する責任。
>
> 第四の責任：会社の株主に対する責任。

この事件を客観的にみれば、タイレノールを製造するマクニール、そしてジョンソン・エンド・ジョンソンは犯人とはまったく無関係であり、むしろ事件に巻き込まれてしまった被害者といえる。警察の捜査進展による情報を待ってから会見を開き、「わが社は被害者だ」

図 1-1 ★ジョンソン・エンド・ジョンソンの「我が信条」

我が信条

我々の第一の責任は、我々の製品およびサービスを使用してくれる医師、看護師、患者、そして母親、父親をはじめとする、すべての顧客に対するものであると確信する。顧客一人一人のニーズに応えるあたり、我々の行なうすべての活動は質的に高い水準のものでなければならない。適正な価格を維持するため、我々は常に製品原価を引き下げる努力をしなければならない。顧客からの注文には、迅速、かつ正確に応えなければならない。我々の取引先には、適正な利益をあげる機会を提供しなければならない。

我々の第二の責任は全社員——世界中で共に働く男性も女性も——に対するものである。社員一人一人は個人として尊重され、その尊厳と価値が認められなければならない。社員は安心して仕事に従事できなければならない。待遇は公正かつ適切でなければならず、働く環境は清潔で、整理整頓され、かつ安全でなければならない。社員が家族に対する責任を十分果たすことができるよう、配慮しなければならない。社員の提案、苦情が自由にできる環境でなければならない。能力ある人々には、雇用、能力開発および昇進の機会が平等に与えられなければならない。我々は有能な管理者を任命しなければならない。そして、その行動は公正、かつ道義にかなったものでなければならない。

我々の第三の責任は、我々が生活し、働いている地域社会、更には全世界の共同社会に対するものである。我々は良き市民として、有益な社会事業および福祉に貢献し、適切な租税を負担しなければならない。我々は社会の発展、健康の増進、教育の改善に寄与する活動に参画しなければならない。我々が使用する施設を常に良好な状態に保ち、環境と資源の保護に努めなければならない。

我々は第四の、そして最後の責任は、会社の株主に対するものである。事業は健全な利益を生まなければならない。我々は新しい考えを試みなければならない。研究開発は継続され、革新的な企画は開発され、失敗は償わなければならない。新しい設備を購入し、新しい施設を整備し、新しい製品を市場に導入しなければならない。逆境の時に備えて蓄積を行わなければならない。これらすべての原則が実行されてはじめて、株主は正当な報酬を享受することができるものと確信する。

Johnson & Johnson

資料：ジョンソン・エンド・ジョンソン提供

との姿勢を貫くといった選択肢もあったはずだ。

しかしながら同社は、「我が信条」に明記した各位への責任、つまり企業の社会的責任を果たすことを最優先した。マニュアルなどが存在しないなか、どんな事態に直面するのであれ、企業として首尾一貫した姿勢をとるよう定める根本的な経営理念を明文化していたことは、リスクマネジメントに成功した大きな要因といえるだろう。

同社は、とにかく被害者が増えないように自社商品の販売を中止したうえで、消費者や従業員を含めたあらゆる人が少しでも安堵《あんど》できるように、徹底したコミュニケーション戦略を貫いたのだ。具体的には消費者からの問い合わせに備えたフリーダイヤルの設置、全国主要紙への全面広告やスポットCM、2000件にのぼる電話取材、何百時間に及ぶラジオ取材、テレビルポといった情報の積極的な発信、さらにはマクニールへの財政的支援、休職に追い込まれた従業員の雇用支援など、その実例をあげれば枚挙に暇《いとま》がない。アメリカでは「ベトナム戦争以来、最もメディアに取り上げられた事件」といわれたほどであった。こうした外部へのコミュニケーションに加え、内部に向けたコミュニケーションも大切にされた。

事件発生によって奪われた人命は7人、そして3100万本もの容器が回収となり、コストは1億ドルを超えた。こうした危機は起こらないに越したことはない。しかし、危機が発生したとき、同社はそれを受け止めて対応した。最終的に消費者は同社の対応を評価し、また、なによりも社員同士の絆《きずな》を深め、社員らが会社を誇りに思うようになった。★3

3 都合の悪い事実の否認が、企業を凋落させる

著書『なぜリーダーは「失敗」を認められないのか』でタイレノール事件を取り上げたハーバード・ビジネススクールのリチャード・S・テドロー教授[★4]は、企業が危機に直面した際に「経営トップが都合の悪い事実を〝否認〟する」ことが危機管理の失敗であり、これが企業を凋落《ちょうらく》させる要因となることを指摘している。今日においては、リスクマネジメントの視点から、有事に発表するフローや責任の所在など、具体的な点までマニュアル化している企業は少なくない。しかし、それ以前に経営トップの姿勢として、次の教訓は知っておくべきだろう。

★2―ジョンソン・エンド・ジョンソンホームページ「我が信条」https://www.jnj.co.jp/group/credo/index.html
★3―リチャード・S・テドロー『なぜリーダーは「失敗」を認められないのか―現実に向き合うための8の教訓』土方奈美訳、日本経済新聞出版社、2011年、第11章。
★4―ハーバード・ビジネススクール教授（経営管理）。ほかの著書に『アンディ・グローブ』（有賀裕子訳、ダイヤモンド社、2008年）がある。

リーダーが現実に向き合うための8つの教訓★5（趣旨）

①手遅れになるまで、危機をもたないこと。否認に立ち向かうのはまさに今である。
②いくら残酷な事実だとしても、それを否定・歪曲《わいきょく》したところで待ち受ける現実は変わらない。
③権力は人を狂わせるものである。
④リーダーは都合の悪い知らせについて、聞く耳をもつべきである。
⑤否認や近視眼的な考え方に陥ることなく、長期的視野に立つこと。
⑥相手をバカにする、言葉遣いを変えてごまかすということはしない。
⑦隠すことなく真実を語るべきである。
⑧失敗は、常識に囚《とら》われることからはじまるものと理解する。

4 事件の再発と経営トップがみせた対話の姿勢

2度目の事件

しかし残念ながら、事件は再び発生する。4年が経過した1986年2月7日、ニューヨーク州ヨンカーズで23歳の女性が急死したのである。

被害女性は、死亡する12時間前にタイレノール・カプセルを2錠服用していた。だが解剖の結果、死因はシアン化合物であり、前回と同様に異物混入事例であることが想定できた。ジョンソン・エンド・ジョンソンは①タイレノール全商品のテレビCM放映を無期限停止することと、②CEOであるバーク会長が記者会見を開くこと、を決め、事件から4日後の2月11日に1回目の記者会見を行った。

この日の記者会見では、前回の事件と異なり地域が限定されることから、アメリカ全土でのリコール★6は行わないことを述べた。さらに2月17日に行った3回目の記者会見では、一般消費者向けのタイレノール・カプセルの製造・販売を中止し、代替品としてカプレット剤(カプセルの形状をした錠剤)への切り替えを促すことを発表。これによって1億5000万ドルのコストが生じるが、被害女性やその遺族、友人の悲しみとは比べようがないと語った。

★5―★3と同じ。
★6―製品に何らかの欠陥が認められる際、その製造事業者などが、事故の発生/拡大の可能性を最小限にするために、当該製品の流通および販売の停止、またその交換・改修・引き取り等の措置をとることをいう。

生放送で謝罪したバーク会長の決断

ここで注目するべきは、記者会見の翌日に生放送のニュース番組でバーク会長が受けたインタビューである。番組では司会者が母親の発言として、ジョンソン・エンド・ジョンソンの決定が3年遅かったこと、4年前の事件でカプセル剤の製造を中止していれば娘は死なずに済んだということを伝えた。

これを聞いたバーク会長は、「もし私が被害女性の母親であったなら、（先の発言と）まったく同じ事を言っていたでしょう。また同じ気持ちだったでしょう。後悔先に立たずですが、私は当社があのときカプセル剤を市場へ再投入しなければよかったと考えています」と発言[★7]した。これについてテドロー教授は、次のような内容を同書に綴《つづ》っている。

「米国のような極端な訴訟社会において、バークは、生放送の番組内で、自分が率いる会社の非を認めた。そこには、現実を受容するという、否認の対極があった。バークは、自らが向き合うものは、人間の感情であることを認識した。**公人が平気で事実と異なることや嘘を語ることが当たり前の世の中にあって、都合の悪い事実を否認することを拒み、真実を語った。**結果として、自らの会社のブランドを守ったのである[★8]」。

テドロー教授は右記のように述べているが、経営トップが現実を受容して謝罪するという行為は、自社への訴訟リスクを高めることになり、リスクマネジメントの観点からは決してポジティブな結果ばかりが見込まれるわけではない。だからこそ経営トップは会見等の場では慎重に言葉を選び、否認するべきものは否認することが多い。謝罪するにしても、どの点について否を認め、謝罪するかを細かく述べることだろう。

しかしながらテドロー教授は、経営トップが「現実を見誤るのではなく、現実を直視しない」から否認をし、結果として回避できる失敗も回避できなくなると自著で指摘する。[★9] この考え方は、タイレノール事件におけるバーク会長の姿勢と重なるところもあるだろう。現実を受容して謝罪するという決断が、誠実さへとつながり、新たな信頼関係を生みだしたのだ。

危機に直面したときに、経営トップがいかに判断するかは状況に応じて異なり、非常に難しいものだ。これを企業に属する私たち自身の身に引き寄せて考えてみれば、最悪の事態（ワースト・シナリオ）を想定し、対応をシミュレートすることがリスクマネジメントになるといえるのではないか。これを経営トップの対応としてみるのではなく、「私たち自身ならどうするか」と問いかけてみたい。

★7―★3と同じ、297ページ。
★8―★3と同じ、299～300ページ。
★9―★3と同じ、299～300ページ。

Case Study

❶（1982年の事件について）もしあなたが経営トップなら、部下からの報告を受けてどのように決断し、記者会見で何を話しますか。

❷（1986年の事件について）もしあなたが経営トップなら、生放送の番組内で司会者に対して何と答えますか。

ケース 2

日産・三菱自動車の再建とゴーン流危機管理

日産・三菱自動車（日本）

- カルロス・ゴーンは豊かなリスク感性を生かして、リーダーシップをとった。また社内にクロス・ファンクショナリティという考え方を浸透させながら、数々の企業を立て直してきた。
- ゴーンの特徴である現場主義、優先順位による合理的思考法は、歩んできた半生にルーツがある。

1 カルロス・ゴーンのリスクマネジメント

自動車の原型である蒸気自動車が1769年に発明されて以来、自動車メーカーは常にスピードやデザイン、快適性、燃費、安全性などを向上させた新車種を世に送りだしてきた。しかし一方では、利用者の生活スタイルやニーズの変化、景気や地政学的リスクによる原燃料の価格変動などによって経営が左右されるということも少なくなかった。日本においてもトヨタ自動車（以下、トヨタ）が世界トップレベルの生産・販売を続ける一方で、今回取り上げる日産自動車（以下、日産）は1990年代後半に、三菱自動車（以下、三菱自）は2000年代に入ってから販売不振が続き、それぞれ一時的に経営危機といえる状態に陥った。これら両社に共通するのは、再建に尽力した人物の存在。カルロス・ゴーン（以下、ゴーン）その人である。本章では第5章でも、災害に対するリスクマネジメントの事例として日産を取り上げるが、ゴーンがもつリスク感性の高さとリーダーシップを発揮したリスクマネジメントは評価に値する行動が多数ある。それらを事例としてあげ、みていくことにしたい。

2 ミシュラン、ルノーでそれぞれ手腕を発揮し、日産へ

ゴーンは1954年に、ブラジルで生まれた。レバノン系ブラジル人の父親とレバノン系フランス人の母親のもとで成長し、フランスの名門エコール・ポリテクニーク（国立理工科学校）、エコール・デ・ミーヌ（国立高等鉱業学校）を卒業。1978年にミシュランへ入社した。入社後は才能を発揮し、1985年にはミシュラン・ブラジルCOO、1989年にはミシュラン・北米CEOに就任した。ブラジルではハイパー・インフレ下の経営危機を、北米では他社買収後の融合困難による経営危機をそれぞれ乗り越えた。これらへの評価は高く、1996年にはルノーのシュヴァイツァー会長にスカウトされ、上席副社長に抜擢《ばってき》。そして、ここでも経営体質の改善と競争力向上に力を発揮したのである。

ルノー上席副社長時代にゴーンが掲げたのは、①社内へのクロス・ファンクショナリティ（各部門の間に横のつながりをもたせること）の実現という考え方、②200億フランのコスト削減という2つの大きな課題であった。「とにかく、やってみよう。これまでと違う方法で取り組まなければならないことは、はっきりしているのだから」と取り組んだ結果として、ルノーは経営危機を脱したのである。

リーダーの意思決定の要点、「3つの定」

リーダーの意思決定は、企業リスクマネジメントを大きく左右する。その要点は、次の「3つの定」にまとめることができる。

Ⅰ　特定⇩リスクアイデンティフィケーション：リスクを発見する
Ⅱ　想定⇩リスクアセスメント：リスクについて予測する
Ⅲ　決定⇩リスクトリートメント：リスクにどう対応するか決断する

ルノーでの改革についていては、前ページにあげた①②とも、それ自体が大きなリスクとなり得る。だが、これまでとは違う方法で取り組まなければならないとして、ゴーンはあえてリスクをとった。それも、一種の賭《か》けのようなリスクテーキングではなく、万一影響が出ても最小限にとどめるよう、さまざまなリスクトリートメントを行ったのである。

日産の再建に大きく関わる

これを成功させた後、ゴーンは活躍の場を日本へ移した。1999年3月の日産・ルノー提携により、ゴーンは日産の副社長兼COOとして着任。この提携に関しても、ルノーは「とてつもないギャンブルだった。しかし、小さき者はスターを夢見る。石橋を叩いて渡る余裕などない。大きなリスクを引き受けなければならないのである」としている。リスクはあったがそれを確かに上回るチャンスがあると踏んで提携を決断したのである。[★1]

日産・ルノーの統合後は、生産、研究開発、購買、人事の4分野に共通の責任者を1人置き、部長以上を1人に統一し、[★2]クロス・ファンクショナリティの実行がみられる。さらに2001年には、ルノーと共同で部品を買いつける子会社を設立した。コストを削減するなら、共同購入の比率をもっと高める選択肢もあったが、社内の反発に配慮し、3割程度からスタートすることにした。結局、すべての部品が共同購入の対象になるまでに8年を費やした。[★3]「提携全体にプラスでも、ルノーのために日産社員がルーズ（負け）の仕事をやらせられるのは、許されない。企業の競争力の根源は、従業員の動機の大きさで決まる」というのが、ゴーン流の考え方だ。

着任後はすぐに社内状況を把握するべく、自らが動いた。そして着任から4か月後の1999年10月に「日産リバイバル・プラン（NRP）」を発表。2000年6月には社長兼COOに就任し、プラン実行を加速させ、翌2001年5月発表の連結決算で当期利益過

★1—カルロス・ゴーン『ルネッサンス—再生への挑戦』中川治子訳、ダイヤモンド社、2001年、134ページ。
★2—『朝日新聞』2014年4月16日付朝刊。
★3—『朝日新聞』2014年4月16日付朝刊。

去最高の3311億円を達成し、4年ぶりの黒字で倒産の危機から「V字回復」を実現した。同年6月からは社長兼CEOとなり、その後も日産の社内改革を推進。2008年にはリーマン・ショックによる金融危機と景気後退、円高により中期経営計画を白紙に戻したが、即座にリカバリープランを打ちだし、見事に危機を乗り越えた。そして、2013年6月には兼務の形で会長に就任した。

後年にゴーンは、着任時の状況を述懐し次のようにコメントしている。「日産の根本的な問題は、経営陣が方向を見失い、利益を上げるためになすべきことの優先順位を見失っていたことにある。利益に焦点を合わせることも、利益を上げるために社員を動機づけることも軽視してきた。顧客満足も重視していなかった。クロス・ファンクショナルなチームワークもなければ、海外進出にあたって国民性の違いを調整することもなかった。さらには、会社の将来に対する長期的なビジョンを共有することもなく、本当の意味での切迫した危機感も見られなかったのである★4」「部門と部門、職務と職務のつながりが、見事に断ち切られていた。部門ごとに社員は、自分たちは目標を達成しているとそれぞれに信じていた。これは日産に限らず、世界中の危機に瀕する企業に共通して見られる問題である」。

そうした状況のなかで、再建を成功させた要因はなにか。それは以下の点にあると考える。

①危機意識をもつ（Have the sense of impending crisis）：非常事態であることの意識づけ。危機感の共有。
②わかりやすい目標設定（Show the simple objective）：「日産リバイバル・プラン（ＮＲＰ）」「日産１８０」など、具体的な数値によって明示され理解しやすい目標の提示。
③良識に基づくこと（Based on the good sense）：日本とフランスの違いなどといった文化的障壁を口実にしない。
④内部での問題解決（Find the solutions in inside）：日産の組織内部の構成員自身が現状の問題点を的確に把握し、問題の解決策を案出する。ＮＲＰの場合、外部コンサルタントの力を一切借りず日産内部ですべて作成。

次に具体的な企業危機管理の手法として、ゴーンが重視したのが次の6点である。[★5]

★4―“Comment Renault a redressé Nissan, Nissan l’effet Ghosn”“Management, février 2001:“Carlos Ghosn, Stratège de l’année 2002” *La Tribunne*, 28 mars 2003.
★5―“Learning through change”（カルロス・ゴーンに学ぶリーダーシップ）、English Zone, #003, 2003, CHUKEI：デビッド・マギー『ターンアラウンド―ゴーンは、いかにして日産を救ったのか？』福嶋俊造訳、東洋経済新報社。

⑤クロス・ファンクショナル・チーム（Cross Functional Teams）：異文化・異職能のメンバーから構成される問題解決のための発案をする組織。日産では、事業の発展、購買、製造、研究開発、販売マーケティング、一般管理費、財務コスト、車種削減、組織と意思決定プロセスという9つのテーマごとにクロス・ファンクショナル・チームが組織された。

⑥数値に強くなること（Becoming able in Numerical Values）：組織の現状に関する数量的データを収集・把握し、内外に提示できるようにすること。

⑦明確なコミュニケーション（Clear Communication）：危機感共有・現状の問題点把握と共通の理解・問題解決策の提示と共通の理解のためのコミュニケーション。

⑧アイデンティティの確立（Establishment of Iidentity）：経営再建の過程にあっても日産らしさを失わないこと。

⑨責任感（Sense of Responsibility）：明確な責任系統の確立。コミットメント（必達目標）と責任所在の明示。経営再建の諸策遂行にあたりそれぞれについて誰が実施責任を負うのかを明らかにすること。

⑩従業員の動機づけ（Motivated Employees）：これには次の4点が重要となる。
―ビジョン（Vision、企業が長期的に進む方向）の明示と共有。

―信頼できるプラン（Credible Plan）の提示。
―オーナー意識（Ownership Consciousness）：自社の再建計画に責任をもって参加しているという意識を共有すること。
―成果の評価（Appraisal of Performance）、責任を伴うコミットメント（必達目標）を達成した者に対する公正な評価システムの導入。

ゴーンが経営危機と対峙《たいじ》し、乗り越えた上記の施策は、企業におけるリスクマネジメントにとっても有用なものといえる。これを「3つのC」という形でまとめておきたい。

「3つのC」

Ⅰ　チョイス（Choice、リーダーの選択・決断）
Ⅱ　コミュニケーション（Communication、危機感を共有）
Ⅲ　コーディネーション（Coordination、優先順位を決め、ときにはクロス・ファンクショナリティを用いて問題解決を図るために調整）

3 ゴーン流危機管理術とは

ゴーンは経営危機に瀕した企業の経営者を歴任し、経営再建に尽力してきた。企業危機管理に際してリーダーが発揮すべきコミュニケーションは、「①危機についての共通理解のためのコミュニケーション（「どのようなリスクに直面しているのか」）、②問題解決策についての共通理解のためのコミュニケーション（「そのリスクにどのように対処するのか」）の2つに大別できる。

この2つのコミュニケーションは、ゴーン流企業危機管理では、次のように展開される。

●リスク・危機についての共通理解
―「現場」を回っての聴き取り
―「部門横断的な」意見交換
→企業危機についての価値観を共有
●リスク対応・問題解決策についての共通理解
―「優先順位」をつけた問題解決策を提示

―わかりやすい数値目標とともに提示
―責任所在を示して伝達
↓企業危機克服に向けた価値観を共有

こうした①現場主義、②優先順位に基づく合理的思考法、③クロス・ファンクショナリティには、ゴーンが歩んできた半生にルーツをみることができる。

①「現場主義」のルーツ―ミシュランのル・ピュイ工場

エコール・ポリテクニークなどの有力グラン・ゼコル卒業生は[★6]、一般に企業や官庁に幹部候補生として採用され、エリート・コースを歩むことが保証されている。ゴーンの場合、エコール・デ・ミーヌ卒業時に「ポルトガル語が話せるフランス人エンジニア」をミシュランが探しており、採用の勧誘を受けた。このときは研修を経てR&Dテクニカルセンターへ配属する旨の提案がなされた。これは、そもそもエンジニアとしての採用であり、自身の能力に最適な配属といえる。しかしゴーンは、あえて製造現場での勤務を希望した。

★6―高度専門職業人の育成を目的とするフランスの高等教育機関。広範な教養を扱う学術・研究の機関である総合大学とは異なり、高度に専門的な分野における少数精鋭の教育を旨とする。エコール・ポリテクニークは理工系の名門で、フランス大統領やノーベル賞受賞者など、数多くのエリートを輩出している。

そして、ル・ピュイ工場の一作業員としてビジネスマンのキャリアをスタートしたのである。エンジニアこそ製造現場を誰よりも知っておくべきであり、そうして開発される商品やシステムこそが最高の品質を提供するために欠かせないとの考えがあったと想像できる。だからこそ、経営危機に直面した際には、自らが現場を歩き、耳を傾け、現状を把握していった。こうしたゴーンの現場を大切にするスタイルは、ビジネスマンとして第一歩を踏み出した時点からの考えであり、ここで得た現場体験によって確信を得た。ここにルーツがある。

実際ゴーンは、ル・ピュイ工場において「現場の人たちが働く様子を観察したこと、彼らから仕事や将来の抱負を聞いたことが、身をもって体験したマネジメントについての最初の教訓だった」[★7]とし、現場を理解することの重要性について、次のように述懐している。

「当時の体験を振り返ってみると、管理者が現場の状況を把握していないとどうなるかがよく分かる。生産現場についてのマネジメント側の認識は現場の実状とはほど遠く、私は管理者の役割について疑問を感じないわけにはいかなかった。従業員たちは自分が何の仕事をしているのかも、なぜしているのかも分からないまま、ただ割り当てられた仕事を黙々とこなしているようだった。上からの指導や訓練もほとんどなければ、意欲的に取り組める仕事もなかった」[★8]。

②「優先順位」に基づく合理的思考法のルーツ―エコール・ポリテクニーク

企業危機の現状を的確に把握し「優先順位」をつけて問題を解決していくゴーンの合理的な思考・行動法のルーツは、このエコール・ポリテクニークならびにエコール・デ・ミーヌで受けた理数を中心とする徹底したエリート教育にあると考えられる。

③「クロス・ファンクショナリティ」のルーツ―生い立ちとキャリア

ひとつはレバノン系ブラジル人として生まれ、ブラジルとレバノンで幼少期を過ごした後、フランスで高等教育を受けて、多様な異文化と出会いながら国際性を学んだことがあげられる。もうひとつは家族主義経営のミシュランと官僚主導型のルノーというフランス企業の両典型を経験したことがあるだろう。さらには、実にさまざまな企業危機を体験し、それを克服してきたことなど、ゴーンの生い立ちとキャリアはマルチ・カルチャー（複数文化の共存）を体現している。こうした歩みそのものに、彼が主唱するクロス・ファンクショナリティの源流があると考えられる。[★9]

★7―亀井利明・亀井克之『危機管理とリーダーシップ』同文館出版、2013年、138ページ。
★8―★7と同じ。
★9―★7と同じ。

4 三菱自動車の立て直しに向け、再度立ち上がるゴーン

詳細は本書第8章に収録しているが、日産と同じく国内自動車メーカーの一翼を担う三菱自が、燃費がよくみえるようにデータを改ざんしていたことを2016年に公表した。同社は過去2回にわたってリコール隠しを行っており、発覚のたびに経営危機に陥っていた。今回はそれらの問題の解決が近いかと思われた時期での発覚だったこと、従来支援してきた三菱系各社も他社を支援するだけの余力がないということもあって、今後の行く末が注目されていた。そうしたなかで立ち上がったのが、ゴーンであった。

「時期を決めるのは周辺状況。不幸な状況のなかでやってきた好機をつかめるか否か。それだけ」と、三菱自の救済に異を唱える幹部に語ったゴーン。社内では、偽装の追及ムードをそらすのが提携の狙いだと受け止められかねないと考える幹部もいただろう。さらに「時間を費やしたら、三菱自への疑心暗鬼が強まるだけ」との意見があったという。★10

2017年6月には日産の社長職を離れ、日産では専任の会長、三菱自でも会長を務めることが報じられているが、これについては会社法や法人法で規制されている利益相反の可能性がリスクとなると判断しての動きとみる向きは多い。ただ、これまで数々の企業を立て直

してきたゴーンの手腕を期待し、三菱自の未来に希望をみいだす人は確実に増加していることだろう。とくに本年（２０１７年）の動きが気になるところである。

★10―『朝日新聞』２０１６年５月24日付朝刊。

Case Study

❶「クロス・ファンクショナリティ」を実施した場合に考えられるメリットをあげてみよう。

❷「現場」の声や状況をどのように反映すればよいか考えてみよう。

ケース 3

雪印による集団食中毒事件と経営トップの失態

旧雪印乳業（日本）

- 大阪工場で集団食中毒事件が発生、情報発信の遅れから患者数は 1 万 4000 人超となった。
- 原因は脱脂粉乳で、製造工程で黄色ブドウ球菌の毒素に汚染されていた。
- 対応の不手際や不備が多数あるが、根本原因は企業の社風を醸成した経営トップにある。

1 タイレノール事件とは対照的な失敗事例

本書をお読みのみなさんは記憶している方が大半だと思うが、かつて雪印乳業（以下、雪印）という企業が存在した。1925年に創業し、牛乳や乳製品、食品、医薬品の各事業を手がけた大手総合乳業メーカーである。グループ全体の連結売上高は1兆円を超え、企業名は一般にも知られる存在だった。だが、2000年に集団食中毒事件を起こし、信頼は一気に失墜。さらには経営トップの失言、2年後には子会社の雪印食品による牛肉産地偽装事件が表面化したことで、同社はもとより、雪印のブランド名が完全に市場から消滅した（2017年現在、一部復活した商品あり）。この事例は、経営トップの姿勢について、本章のケース1で取り上げたタイレノール事件と対照的なものであること、そしてリスクマネジメントを学ぶうえで知っておくべき失敗の事例であることから、ここで事件について取り上げることにする。

2 大阪工場の低脂肪乳で1万4000人超に被害

事件は2000年6月27日に発覚した。最初の被害者は大阪市に在住しており、同市の保健所へ症状などを届けでた。その後、翌28日までに届出数が拡大。市は同社の大阪工場で生産された低脂肪乳が原因とみて立入検査を行った結果、黄色ブドウ球菌の毒素「エンテロトキシンA」が検出された。食中毒事件である。同市は即座に製造自粛・回収・事実の公表を指導した。

これに対して雪印は、29日に事件を公表。翌30日からは同市による回収命令を受け、自主回収をはじめた。だが、この時点で3日が経過しているにもかかわらず、同社は情報発信に動かなかった。本来なら速やかに、1時間でも早く新聞広告やテレビ・ラジオ報道を入れた記者発表等を行い、お詫びと該当製品の飲食の禁止、自主回収を訴えるべきところだ。乳製品は買ってすぐ使用する消費者が比較的多いだけに、急を要したのである。これがいずれも遅れたために患者数は増加の一途をたどり、1万4000人超まで拡大した。そして経営トップだった社長の石川哲郎（当時）は引責辞任した。

この遅れこそ、歴代も含む経営トップの責任であることはいうまでもない。だが、それをわかっていながら、石川は7月1日の記者会見では「俺は寝ていない」などと暴言を吐き、世間から大いに顰蹙《ひんしゅく》を買った。これはいまだに報じられる経営トップの失態であり、以後は危機管理の一貫として、社長のコメントや質疑応答をあらかじめ用意するようになっていった。加えて先の記者会見において、工場長のコメントに経営トップが驚くなど、現場を把握できていないことが明白なシーンがいくつもあった。この責任は報告しない部下にあるのではなく、そもそも報告が自身のリスクとなるような企業風土をつくったトップの側に問われなくてはならない。ケース１で紹介したタイレノール事件と比べても、危機に直面したときの姿勢・行動はまさに対照的といえる。

3 大樹工場の停電と現場の対応

大阪工場で毒素が検出された後、同社は全国に21ある工場で生産を停止、スーパーの店頭などから雪印ブランドの商品が次々に消えていった。７月下旬から生産が再開された工場もあったが、雪印ブランドの安全性が確立するまで置かないというスーパー、買わないという消費者も少なくなく、この状態が長く続いた。

さて、問題となった大阪工場の低脂肪乳は、生乳から脂肪分を分離させていく製法ではなく、脱脂粉乳を加工する製法を採用していた。そうなれば、検査対象も脱脂粉乳に及ぶ。その後の調査では、４月10日に同社の大樹工場で製造された脱脂粉乳から同一の毒素が検出されている。

事件の経緯については、中尾政之（東京大学大学院工学系研究科総合研究機構）のレポート「雪印乳業の乳製品による集団食中毒事件」（http://www.sozogaku.com/fkd/cf/CA0000622.html）を参考に追っていきたい。

発端となった事象は、大樹工場で3月31日に発生した停電である。他紙では氷柱が工場の電気室に落下し、生産設備が不調となったとの記述もある。この停電により、

・脱脂乳タンク＝20〜30度に加熱された状態で4時間滞留
・余った脱脂乳を濃縮し貯留するタンク＝冷却されず9時間放置

という状況になった。こうなれば、専門家でない者の目にも両タンクの品質低下は明らかである。黄色ブドウ球菌が増殖し、毒素が生成されることも想像に難くない。廃棄するのが当然だろう。

だが、驚くべきことに、右記のうちパイプ内に滞留した原料は、殺菌装置にかければ問題ないとの判断になったようだ。そして、滞留した原料が含まれる脱脂粉乳830袋が製造され、このうち450袋は黄色ブドウ球菌を含む一般細菌類の検査で異常が認められなかったため出荷された。そして、残りの380袋は先の検査で異常がみつかった。

ここで確認しておきたいのは、先の検査で異常がみつかり出荷できなかった380袋は、当然ながら加工しても製品に使えない脱脂粉乳であることだ。しかし、現場では衛生に関する知識が乏しく、4月10日に脱脂粉乳の製造工程へ再利用され、この日には750袋の脱脂粉乳が製造され、うち278袋を大阪工場が使用したのである。

4 トップの意識が社風を醸成し、リスクを生みだす

リスクマジメントの不備

ここまでの事件の経緯を振り返ると、リスクマネジメントに関する不備がいくつもある。以下にあげておく。

- 停電発生後の対処マニュアルが存在しなかった。
- 現場関係者が「一般細菌類は殺菌すれば問題ない」と認識し、生成される毒素への意識がなかった。
- これまで大規模な食中毒事件がなく、発覚した当初は経営トップへ報告されなかった。
- 危機に直面した際のマニュアルがなく、混乱により消費者への伝達が遅れた。
- 経営トップも危機に対処する責任感、認識が薄く、混乱の末に世間に醜態をさらすことになった。

これらを大別すれば、以下のようにまとめることができる。

Ⅰ　リスクアセスメントの未実施（停電の想定）
Ⅱ　リスクトリートメントの不備（教育不足、廃棄品の保管体制）
Ⅲ　経営トップのリスク感性の乏しさ
Ⅳ　危機管理体制の不備

当時のマスコミ報道では、現場まで記者などが押し寄せてインタビューをするシーンがみられたと記憶するが、現場に責任を求めるのは見当違いである。これは事件後に多数の専門家、研究者が見解を示している通り、問題は「人命に関わる食品の従事者である」という意識の欠如であり、「問題となることを報告しない」社風にある。そして、こうした社風を醸成する経営トップの意識にあると考えられる。

現場意識を軽視したことによる事件

経営トップが食品を扱う責任の重さを十二分に感じているならば、従業員のリスク感性を高め、衛生管理や危機に直面した際の対処などを的確に整備するのは当然である。そうすることにより現場意識も強まり、その結果、従業員が自ら工場内の改善や社員教育などリスクトリートメントに努めるようになることも期待できる。このケースでは、まさにこれとは真逆ともいうべきトップの姿勢がすべての原因となったと断じることができるだろう。

事件の顚末《てんまつ》としては、同社大阪工場が閉鎖となり、経営トップが辞任。雪印自体は実質的に解体となった。また、雪印ブランドの信用失墜はグループ各社の業績悪化に影響していくことになる。結果、これを取り戻そうと翌年から雪印系列の雪印食品が牛肉の偽装（海外産の牛肉を国内産として流通させ、当時農林水産省がBSE問題への対策として行った補助金を不正取得）を行うが、内部告発によって事件が発覚し、２００2年4月に雪印食品は会社を解散するに至った。

雪印はバター、チーズといった一部乳製品の部門のみを残し、ほかの商品は事業部門ごとに分社化、他社との合併をしていった。とくに事件を引き起こした市乳（市販している牛乳）事業は、全国農業協同組合（全農）・全国酪農協同組合連合会（全酪連）と事業統合し、日本ミルクコミュニティへと社名を変更。その後は市場でも少しずつ信頼を取り戻し、雪印と経営を統合し、雪印メグミルクを設立した。雪印を冠した飲料（雪印コーヒーなど）も発売されるようになり、現在に至っている。

Case Study

❶膨大な衛生管理マニュアルをつくり、HACCP承認工場を有していた雪印が、なぜこのような事態を招いたのかを話し合ってみよう。

❷危機に直面した際のトップの姿勢、企業としてのアクションについてタイレノール事件と比較してみよう。

経営者リスクとマネジメント

Chapter 第2章

キーワード

ソーシャルリスク
企業不祥事
経営倫理

——はじめに——

かつて松下幸之助は「事業は人なり」との名言を残しているが、事業を興す企業にとって最大のリスクとは経営者リスクである。

経営者リスクとは、経営者の経営適性、リスク感性、決断力、リーダーシップが欠如し、放漫経営がなされている状態をいう。経営者の性格や能力が企業の業績を左右し、最悪のケースに至っては企業の不祥事や倒産を引き起こす。経営者が意思決定や決断力に劣ることが最大の経営者リスクである。

本章では、経営トップが自らの私利私欲のために会社を利用した「大王製紙の特別背任事件から学ぶ経営者リスクと対策」（ケース4）、さらに次々と不正会計が明らかになって日本の事業会社で過去最大の赤字を計上するに至った「東芝の不正会計問題と当事者のあるべき姿勢」（ケース5）について、それぞれ経緯と原因、背景などをみていこう。

ケース 4

大王製紙の特別背任事件から学ぶ経営者リスクと対策

大王製紙（日本）

- 本事件は、経営トップが会社を私物化し、資金を流用した特別背任事件である。
- 問題の根本は同社内に根づく創業家の力の強さにあり、体制の見直しが必要である。
- 日本企業は、経営者への責任追及が甘い傾向にある。亀井利明が提言した経営者の厳罰化、資格認証制度の創設でもしない限り、経営者リスクを回避することは困難である。

1 国内第3位の規模を誇った製紙会社に起こった不祥事

大王製紙は、王子製紙グループ、日本製紙グループに次ぐ国内第3位の規模を誇った製紙会社である。創業者の井川伊勢吉《いかわいせきち》は、古紙などを拾い集め、製紙原料として売る小さな規模から事業を興し、1943年には愛媛、香川、高知の機械すき和紙メーカー14社を統合して同社を設立した。続いて初代の長男である高雄《たかお》が事業を承継し、1979年には家庭紙市場へ参入。ティッシュペーパーを5箱パックで販売し、さらなる価格破壊で1986年にはティッシュペーパー、トイレットペーパーで国内シェア第1位を獲得するに至った。★1 その後は、高雄の長男である意高《もとたか》が3代目として事業を承継し、社業発展に努めてきた。

3代目の意高は手堅い経営手腕を発揮し、会社も順調な業績で推移していた。だが2011年になって会社法違反（特別背任）事件が発覚、起訴される事態となった。2012年10月10日には懲役4年の実刑判決が言い渡され、控訴・上告したが翌年6月に最高裁は上告を棄却し実刑判決が確定した［図2-1（→p.67）］。

図 2-1 ★日本経済新聞 2011 年 11 月 22 日付朝刊

大王製紙、前会長を告発

特捜部 きょうにも取り調べ

特別背任容疑

大王製紙の井川意高前会長（47）による巨額借り入れ問題で、同社は21日、子会社7社から85億8000万円を不正に借り入れ、各社に損害を与えたとして、会社法違反（特別背任）容疑で井川前会長の告発状を東京地検特捜部に提出した。特捜部は告発を受け、22日にも前会長に対する取り調べに乗り出す方針を固めたもようだ。大手製紙会社を舞台にした疑惑の全容解明を急ぐ方針。

井川意高
大王製紙前会長

前会長の代理人弁護士は取材に「前会長は借り入れの事実を認めているが、当時は違法性の認識がなかった」と説明している。

同社の発表などによると、前会長は大王製紙の社長や会長を務めていた2010年5月～11年9月、代表取締役に就いていた連結子会社7社の役員らに自らへの貸し付けを指示。返済の見込みがないのに、自分名義の銀行口座などに計85億8000万円を振り込ませ、7社に同額の損害を与えたという。

同社が設置した第三者による特別調査委員会は、前会長による借り入れが総額106億8000万円に上ると指摘したが、同社は前会長による現金での返済部分などを除いた85億8000万円を告発対象とした。

関係者の話によると、いずれの借り入れも子会社の取締役会の事前決議を経ないまま、無担保で実行。ほぼ全額が海外のカジノ関連の口座に送金されたとみられる。前会長は借入金のうち47億5000万円を現金やグループ会社株で返済したが、大部分が期限内に返済されておらず、貸し付けた子会社が一時的な資金難に陥るケースもあったという。

大王製紙は、特別調査委員会の報告などから「子会社に財産上の損害を与えたことは明白。資金の流れを明らかにするには、捜査機関に解明作業を委ねるべきだ」（同社関係者）と判断。会社法違反容疑での告発に踏み切った。

一方、特捜部は既に前会長から事情を聴いたほか、任意で提出を受けた財務資料の分析などをほぼ終えたもよう。前会長の本格的な取り調べに向けた、詰めの捜査を急いでいるとみられる。

2　100億円以上を不正に貸付

事件は、意高が代表取締役を務める7社に対して、善管注意義務（善良な管理者に期待される通常の注意義務）違反および忠実義務に違背《いはい》して、自分が利益を得るために貸付を指示し、財産上の損害を与えたとするものだ。具体的には、先の7社から自らに対し、２０１０年5月から計26回にわたって、合計１０６億８０００万円の貸付をさせたことが判明した。貸付金の使い道について、東京地裁平成24年10月10日判決は「（同氏が）海外でバカラ賭博に興じるうち、負けが続くようになり、その支払等のため、自身や親族の資産管理会社から借入れをしていたが、それでも足りず、大王製紙の連結子会社である各被害会社からも借入れをするに至り、本件各犯行に及んだもの」と認定した。★2

3　会計監査人、監査役の姿勢にも問題

事件については、樋口晴彦がまとめた「大王製紙会長による特別背任事件の事例研究」が

詳しい。これによると、裁判により意高に非があるのは明白であるが、一方で事件に発展するまで放置した会計監査人、監査役にも問題があると筆者は考える。そもそも同社のように創業家が強い力をもつ体制下において、社内の役員に多くを期待することはできない。また、監査は不正を防ぐために監督・検査することが職務であり、これを遂行していれば損失も最小限に食い止めることができたはずだ。ここで両者の対応も、確認しておこう。

会計監査人の対応[★3]

同社の会計監査人であった有限責任監査法人トーマツ（以下、トーマツ）は、２０１０年7月に本件貸付の事実を把握した。使途については経理部も承知していなかったが、担当会計士は大王製紙グループの事業活動資金であろうと推測しただけであった。その後も貸付状況を逐次把握していたが、定例の監査役会では説明しなかった。

２０１１年5月には、担当会計士が意高と面接し、遅くとも9月末までには返済するとの回答を得た。その際に、「個人的な事業をやっている、運転資金として使用した、立場上感

★1―大王製紙ホームページ「歴史・沿革」「当社の強み」http://www.daio-paper.co.jp/company/
★2―樋口晴彦「大王製紙会長による特別背任事件の事例研究」千葉商科大学『千葉商大論叢』２０１３年9月号、１５９ページ。
★3―★2と同じ、１６７ページ。

心できることではない」[4]として、担当会計士もそれ以上追及しなかった。

ちなみに、大王製紙の債権評価ルールでは、弁済期限を延長した債権を貸倒懸念債権[5]に分類することにしていた。しかし担当会計士は、当該貸付を貸倒懸念債権に区分せず、貸倒引当金[6]も計上しない会計処理を承認し、2011年3月期の有価証券報告書に対する財務諸表監査及び内部統制監査に適正意見を付した。

監査役の対応[7]

大王製紙の監査役は、常勤2人、非常勤3人の体制だったが、いずれも財務および会計に関して相当程度の知見を有する者はなく、独自のスタッフももたなかったため、監査法人や経理部門から報告を受けるにとどまっていた。

経理部門との関係については、「監査役と経理部門との連携は十分とは言い難く、経理部門と適宜協議する状況にはなかった」[8]とされる。前述の通り、経理部や監査法人は本件貸付について監査役会に報告せず、その他の機会でも監査役に対する説明はなかった。

一方で、2011年3月期の有価証券報告書には、「連結財務諸表提出会社の連結子会社と関連当事者との取引」として、意高に対する短期貸付金の期末残高2350百万円と、ファミリー企業に対する短期貸付金（実質は意高への短期貸付金）の期末残高1700百万円が記載されていた。前年度の有価証券報告書には、こうした短期貸付金の記載はなかったが、監査役は記載内容の変化とその異常性を見過ごした。

4 経営者リスクに対する亀井利明の提言

「調査報告書」では、「社員らはこれらの会社はすべて井川父子のものであると意識し、（中略）彼らには絶対的に服従するという企業風土が根付いており、それが本件発生の基盤と

★4―大王製紙株式会社元会長への貸付金問題に関する特別調査委員会「調査報告書」https://www.daio-paper.co.jp/news/2011/pdf/n231020a.pdf

★5―経営破綻の状態には至っていないが、債務の弁済に重大な問題が生じているか、生じる可能性の高い債務者に対する債権のこと。

★6―将来、債権が貸倒れ（回収不能）となった場合に生じる損失をあらかじめ見積もったうえで、貸方において計上される引当金のこと。

★7―★2と同じ、167ページ。

★8―★4と同じ。

★9―★4と同じ。

★10―モラルハザード、ここではとりわけプリンシパル―エージェント関係において生じるもの。自らの利益のためになんらかの業務を委任する側（＝プリンシパル：たとえば上司、株主など）と、委任されてそれを遂行する側（＝エージェント：上司に対する部下、株主に対する経営者など）との関係において、前者の期待と利益に反して、後者が自身の利益を優先する行動をとってしまう危険のこと。

なった」[9]と説明している。これこそが同社にとってのハザード[10]（リスクを引き起こす環境・状況）である。これに性格や能力といった「経営者リスク」が結びついた結果が企業不祥事であり、ソーシャルリスクのひとつとして着目していくべき事柄である。企業不祥事は、広く一般に企業ＣＳＲやガバナンス、内部統制などの意識が浸透する現代においても、一向になくなる気配がない。

こうした現実に対し、亀井利明[11]は『リスクマネジメント総論　増補版』（同文舘出版、２００９年）のなかで①企業犯罪を故意に起こした経営者に対する厳罰の適用、②経営者適性の資格認証制度の創設を提言している。

①については、企業不祥事の根源が経営者（トップマネジメント）の性格リスクや能力リスクにあるとして、経営倫理あるいは経営者倫理を欠如している不良経営者が企業の実権を握っている以上、いかなる法律、規則、定款、約款、規定も極めて無力である。刑法、商法、会社法、各種の経済法がいくら整備されていても、最初からコンプライアンス意識がなく、違法行為や脱法行為をくり返し、ワンマン経営、企業利潤極大化、企業肥大化、攻撃的経営などを続行している限り企業不祥事はなくならない[12]としている。

②については、経営倫理を十分にわきまえ、社会正義に生きる経営者のみに企業の経営を任せるべきで、経営者資格試験に立脚した認証制度を設定すべきと提言。これは経営への内部干渉と規制強化をねらった内部統制よりもよほど役に立ち、ソーシャルリスクを軽減でき

るとも記している。★13

経営者リスクのうち同族企業におけるワンマン経営のリスクほど対処が難しいものはない。大王製紙のケースのように、いかなる法規制も無力となる場合がある。そのため、亀井利明の提言は実行不可能な思いつきと批判されるかもしれない。しかし、ときに経営者からみて外部の人間の「思いつき」が社会の発展や進歩、つまりソーシャルリスクマネジメントに役立っているのではないか。

★11―関西大学商学部名誉教授。日本におけるリスクマネジメント研究のパイオニア。日本リスクマネジメント学会の設立発起人代表となり、その後同学会の理事長や会長、名誉理事長を歴任。

★12―亀井利明・亀井克之『リスクマネジメント総論　増補版』同文舘出版、2009年、246〜247ページ。

★13―★12と同じ、248ページ。

Case Study

❶事件の背景には、同社内における創業家の力の強さがリスクとしてあげられる。ファミリー経営を行う企業において、これらのリスクを軽減するためにどのような体制、施策が必要か考えてみよう。

❷亀井利明は、経営者リスクへの対策として「経営者適性の資格認証制度の創設」をあげている。このような資格認証制度が仮に実現するとしたら、問われる要件は何だろうか。列挙してみよう。

ケース 5

東芝の不正会計問題と当事者のあるべき姿勢

東芝（日本）

- 企業の不祥事として一般に認知されたのは2015年2月で、発端は不正会計。トップの号令によって売上や利益を操作し、業績を良く見せていた。
- 同年には米ウェスティングハウス買収に関する巨額減損が発生した。
- 背景には企業体質、市場の変化など複数のリスクが存在するが、最大のリスクは経営者自身にあるといえる。

1 企業統治の優等生といわれた会社の不正会計事件

東芝は、電機業界のなかでも重電（発電施設や工場などで使う電機設備）分野で世界に知られる存在であり、国内最大手の半導体メーカーでもある。そのルーツは１８７３年に田中久重が創業した田中製造所と、１８９０年に藤岡市助が創業した白熱舎にあり、１９３９年に両社が合併して東京芝浦電気が誕生。以後は、家電製品を中心に多数の国産第１号となる製品を開発し、世に送りだしてきた企業だ。

２００３年には経営の透明性を高める委員会等設置企業への移行を、同年の商法特例法改正にあわせて取り組んだ企業としても注目を集め、コーポレートガバナンス（企業統治）の優等生とみられてきた。[★1] そうした同社だけに、今回の不正会計事案は多くの人に衝撃を与えている。端を発したのは内部告発であり、証券取引等監視委員会が２０１５年２月12日に行った工事進行基準案件の開示検査を皮切りに、次々と不正会計が発覚していった。

2 不正会計が次々に露呈、修正金額は2000億円超に

組織ぐるみの不正

最初に不正が指摘された工事進行基準案件とは、大規模かつ長期にわたる建設工事に特有の会計手法である。あらゆる工事は、着工前に建設原価が試算され、以降は計画の変更ごとに原価の見直しを行う。ただ工期が長期になった場合、工事を請け負う側の企業は完工まで売上を計上できないため、原価から工事進行基準、端的にいうと進捗に応じた割合を売上として計上する。同社はこの方法を利用し、工事進行基準を調整し、売上があるように操作していたのである。

２０１５年2月時点では工事進行基準だけの問題にとどまり、周囲も過去の利益を修正するのは限定的なものとみていた。ところが、4月に立ち上げられた特別調査委員会では、パソコンやテレビ、半導体の各事業でも不正会計が存在することを突き止めたのだ。

これにより同年5月には、元検察幹部を委員長とする第三者委員会が発足した。弁護士20人、公認会計士79人の総勢99人が2か月かけて、役職員２１０人への聞き取り調査を実施。

★1——東洋経済新報社『週刊東洋経済』２０１５年9月26日号、47ページ。

結果、報告書で浮き彫りになったのは、税引き前で累計1518億円という利益修正や経営トップが深く関与した組織ぐるみの不正。さらなる調査で、金額は2248億円（税引き後は1552億円）にまで膨らんだのである。同委員会の報告を受けて、西田厚聰、佐々木則夫、田中久雄の歴代3社長が同時に辞任した。★2

上場廃止の危機に直面

さらに同社は、上場廃止という危機にも直面した。上場企業は有価証券報告書を法定提出期限の経過後1か月以内（延長承認を得た場合は当該承認を得た期間の経過後8日目まで）に提出しなければ上場廃止となる。これに対して同社は、不正会計が次々と明るみになり、いつまでも利益確定ができない状態だった。不正会計発覚後の2015年5月8日には、同年度3月期の業績予想の取り下げを発表、有価証券報告書も提出期限延長を求めた。しかしながら、その後も次々に不正会計が発覚し、延長期限である8月31日にも提出ができない状態となり、さらに延長を申請した。そして、9月7日になってようやく提出したのである。

これで上場廃止は免れたが、東証・大証を運営する日本取引所グループは同社を特設注意市場銘柄に指定し、改善文書の提出を求めたのである。金融庁に払う課徴金は100億円近い。有価証券報告書の虚偽記載により両取引所も計1億円の違約金を求めている。★3

3 目先の業績を重視し、保身に終始した顛末

経営トップの責務

不正会計の原因については、今後の究明が期待されるところだが、多くのメディアが推測するのは事業の収益構造の弱さであり、かつ歴代社長の自己保身が背景にあると考えられる。同社は世界シェアを韓国・サムスン電子とほぼ二分する半導体メモリが収益の柱であり、電子デバイス部門は年間2000億円超の営業利益を稼ぎだしている。[★4] しかし、冒頭で「多数の国産第1号となる製品」と記した家電製品の赤字が恒常化しており、加えて次なる収益の柱と考えていた原子力事業も3・11東日本大震災を起因とした大幅な減速が見込まれる状況となっていた。そのなかでも経営トップたる社長は一定の業績を維持しなければならず、こうした不正会計に手を染めたのであろう。

辞任した歴代3社長のうち田中のみが記者会見に臨んでいるが、不正を命じた自覚はない

★2―★1と同じ。
★3―★1と同じ、49ページ。
★4―★1と同じ、50ページ。

と断言した。また、第三者委員会の調査でも「部品を売れば利益が出るということは理解していたが、監査法人から指摘を受けたこともなく、会計処理についてはルールに従ってやっていると思った」と証言している。[★5]だが、同委員会の調査では、田中の証言を覆す関係者の詳細な話を多数聴取しており、トップの関与は明白である。以下、『週刊東洋経済』の特集で報じられた経営トップによる関与の状況である。

調査報告書では、田中や佐々木らは、かさ上げした利益の累積額を「借金」と呼んでいた。そして田中は、一時期、その「借金」返済を優先する意向を示していた。だが、業績が厳しくなると、田中は財務担当役員に返済方針の撤回を告げていたという。田中の前任である佐々木は、社長時代の2012年に「3日で120億円」の赤字圧縮を要求。製造業のコストダウンで改善できる期間や金額の常識を逸脱した要求だが、幹部は実際に3日間で119億円のかさ上げ案を練ったという。[★6]

これらを一読すれば、金融知識や関係業界に詳しくなくとも、いかに無理な命令を下していたかが理解できるはずだ。確かに経営トップは株主や従業員に対し、業績を維持・向上させていく責務がある。だが、ここまでの姿勢は、経営トップ自身の自己保身といっても過言でないほど悪辣《あくらつ》とはいえまいか。

企業リスクのうち最大のものは経営者リスク

松下電器出身の経営コンサルタントである佐藤忠は、『社長の危機管理』のなかで以下の学説を綴っている。★7

①経営には「攻め」と「守り」があり、両者のバランスが重要である。攻めるだけの経営は脇が甘くなり、内部管理がルーズになりやすく危険やスキャンダル発生の温床となる。また、浮利を追求したり金儲け第一主義に走り、眼が眩《くら》んで足元が不用意になり、危険な社風になる。

②金儲け第一主義（利益第一主義）の経営の下では、企業としての倫理観や良心が、失われていくので、職場の綱紀や礼節も失われていく。このような企業が挫折するのは攻めだけの経営に終始して企業の社会的責任と倫理観を放棄した結果である。

③守りの経営は攻めの経営より苦労が多く、かつ困難を伴う。不祥事や事故を起こした企業は、守りが弱体で、ただ攻めの経営をしてきたことが特徴である。守りの経営を担当する部門の一つとして広報部門があるが、その中には攻めの業務と守りの業務と

★5―★1と同じ、47ページ。
★6―★1と同じ、48ページ。
★7―佐藤忠『社長の危機管理―企業が不祥事を起こすとき』産能大学出版部、1994年、34ページ。

があり、そのバランス調和が必要である。

④企業不祥事や不測事態への対応は企業防衛といえる。企業防衛には「マクロ的企業防衛」と「ミクロ的企業防衛」がある。これは事件がマクロ的かミクロ的かによる。前者は原油の値上げ、為替相場の変動、カントリー・リスクなど。後者は個々の企業の事件で、その発生原因は企業内にある。

今回の事件でもこれらが当てはまるが、問題なのは前ケースの大王製紙と同様に経営者の性格や能力にあり、企業リスクのうちの最大のものは経営者リスクであるといえる。

4 収益性の背後に潜み、見失っていた原子力リスク

ウェスティングハウスに関する巨額損失

東芝を巡る一連の問題でもうひとつ触れておかなければならない事項に、米ウェスティングハウス（以下、WH）に関する巨額減損問題がある。発覚した当初の減損額は1600億円とされていたが、同社がアメリカ連邦破産法11条の適用を申請した時点で6200億円にまで膨らんでいる。★8 WH自体も最終赤字が1兆円を超えるという。

ＷＨはアメリカの原子力関連企業で、２００６年に東芝が買収を行った。当時は電機から半導体まであらゆる分野でライバルの日立製作所、国内で唯一加圧水型の原子力発電（以下、原発）を手がける三菱重工を意識し、ＷＨ買収によって２社を突き放そうという考えがあったようだ。[★9] ２００８年にはアメリカで４基の原発建設を受注している。

だが、ここで状況が一変する。２０１１年に発生した東日本大震災による福島第一原発の事故が起因となり、世界中で原子力に対する懸念が広がり、アメリカにおいても安全基準がより厳しいものとなった。結果、建設や資材にかかるコストが大幅に膨らんだが、この負担を発注元に求める契約ではなかったために、数千億円規模の損失となったのである。

各国企業をゆさぶる原子力リスク

原子力リスクは、その後も世界各国の企業をゆさぶっている。フランスのアレバは、原発の建設コストの上昇を背景に経営が悪化し、フランス政府が救済に乗りだす事態になった。ドイツのシーメンスも原発事業からの撤退を決めた。アメリカのＧＥ（ゼネラル・エレクトリック）も、原発事業への投資には慎重な姿勢をとっている。[★10]

★8―『日本経済新聞』２０１７年３月30日付朝刊。
★9―『ＡＥＲＡ』２０１５年８月３日号。

東芝は重電に強いメーカーであり、原発に関する事業も長く展開してきた。経緯から見れば、原子力自体にリスクがあることは認識していたが、常に懸念しなければならないという感覚まではもち得なかったと推測できる。ＷＨ買収時も、アメリカでの原発受注も大きな収益を生みだすものとして判断したといえる。

以後に起こった原発の事故、原子力に対する懸念までは多くの企業が想定できないだろう。だが、リスクがあるということを意識し、契約条項に盛り込む、万が一のときに備えた金融などの対策を講じるといったリスクマネジメントが必ずしもできていたとはいえないだろう。大局観に立ち、リスクを想定して手を打つ、担当者が意識できるような社風としていくことも経営者の要件といえる。

ＷＨの問題は、本書を執筆している２０１７年春時点でも各社が報道を続けており、顚末を記すことができない。ただ、先の不正会計とともに東芝の再建に影を落とすものとなっており、多くの企業がリスクの想定とマネジメントを行う重要性に気づくべきであろう。

5　経営陣を刷新し、信頼回復めざす

先述の通り、２０１５年に不正会計が発覚して以後も、同社にまつわる不正事案、内部

告発が続いており、本書を執筆している2017年春時点でも全容解明と先行きが見通せない状況となっている。2015年度決算は、日本の事業会社として過去最高額となる7191億円の営業赤字、4832億円の最終(当期)赤字となった。[★11]

亀井利明は『ソーシャル・リスクマネジメント論』に経営者に好ましい性格や人間性を10項目に要約したものを「経営者十則」として掲載している。これらを抜粋したい。

▼亀井利明による「経営者十則」[★12]

①経営者は、企業家精神が豊富で、ロマンを追い求める性格でなければならない。

②経営者は、直感が鋭く、強運でなければならない。

③経営者は、未来予測が上手でなければならない。つまり、先見力、未来への洞察力に優れていなければならない。

④経営者は、清く、美しく、豊かな人間性に恵まれ、なにごとについても公平に考え、依怙《え こ》贔屓《ひいき》な処理や判断をしないという性格が必要である。

★10―NHK NEWS WEB「なぜ東芝が巨額損失? 原子の事業で何が」2017年1月27日 http://www3.nhk.or.jp/news/business_tokushu/2017_0127.html

★11―『毎日新聞』2016年5月13日付朝刊。

★12―亀井利明・亀井克之『ソーシャル・リスクマネジメント論』同文舘出版、2012年、78～90ページ。

⑤経営者は、金銭感覚に優れ、計数管理が上手でなければならない。しかし、同時に自分の心や人の心を十分忖度《そんたく》（他人の気持ちを理解すること）できる人格者でなければならない。

⑥経営者は、時間を大切にし、それを上手に使う時間管理の能力がなければならない。

⑦経営者は、家庭を大事にし、妻や子どもとの間にトラブルを起こさないようなモラルが必要である。

⑧経営者は、人材育成、人材活用が上手で、いわゆる人望がなければならない。

⑨経営者は、失敗に学ぶ姿勢を持ち続け、失敗をビジネス・チャンスと受け止める度量が必要である。

⑩経営者は、十分な危機管理能力をもたねばならない。とりわけ渦中対策、クレーム対策の能力が必要で、二次被害や風評被害を発生させないことが大事である。

現実的に、こうした項目をすべて満たす経営者は皆無に近く、理想論である。ただ、同社についてもできる限りこれらの項目を満たすリーダーが経営トップとして、社会的責任を果たしてもらいたいと願うばかりである。

Case Study

❶そもそも同社は２００３年に委員会等設置企業へ移行したにもかかわらず、なぜガバナンスが機能しなかったのか。刷新後の体制をもとに考えてみよう。

❷企業と監査法人との関係について、注意すべき点を考えてみよう。

事業承継とリスクマネジメント

第3章
Chapter

キーワード

ファミリービジネス
グローバリゼーション

はじめに

事業承継とは「誰に」「いつ」「どのように」事業を継承するかの決断である。受け継ぐ者の立場からすれば、どのように先代の経営手法を尊重していくか、どのように新たな事業を独自に展開するかについての決断でもある。これらの決断には失敗のリスクが伴うのはいうまでもない。

日本は世界からも「長寿企業大国」として認知される国である。一方で事業承継をめぐる問題が顕在化し、それが社会的リスク（ソーシャルリスク）となっている。事業承継は会社ごとに問題点や背景が異なるが、なかには他社の事例を深く理解し、早い段階から準備を進めることで円滑な事業承継が成功することもある。

本章では父娘間の争いが生じた「大塚家具の経営権をめぐる一連の騒動と対立」（ケース6）、ワインの一産地から世界の名産地へと地位を押し上げたカリフォルニアワインの父・ロバート・モンダヴィが創設した「モンダヴィのフランス撤退と事業承継への影響」（ケース7）、さらに「日本の老舗企業における事業承継の事例」（ケース8）を紹介したい。

ケース 6

大塚家具の経営権をめぐる一連の騒動と対立

大塚家具（日本）

- 事業承継は企業にとっていつか必ず直面するリスクと捉え、計画的なリスクマネジメントが不可欠である。
- 大塚家具の場合、事業承継に関わり、判断を委ねる第三者が存在しなかったことが争いの一要因としてあげられる。
- 報道等の影響で「ファミリー（同族）経営はリスクが大きい」とのイメージを抱く人もいるが、超長寿企業の多くはファミリー経営であり、それ自体が関係しているわけではない。

1 経営権をめぐり親子が対立

大塚家具[★1]は東京都江東区に本社を置く業界大手の家具販売会社である。そのルーツは同社創業者・大塚勝久の父が営んでいた総桐箪笥《そうきりたんす》の工房にあり、家業を継いだ勝久が従来からの卸問屋による販売から直販へ転換し、さらに家具を大量仕入れすることで競争力がある価格での販売事業を立ち上げることに成功した。1980年には株式公開を果たし、各地にショールームを開設。93年には業界でタブー視されてきた実売価格表示に踏み切った。これには国内の家具メーカー各社が反発し、出荷停止という厳しい状況を招いたが、ここで勝久は以前から展開する欧米の高級家具を主体に販売する方針をとるようにした。さらに、会員制を導入し、会員の顧客に社員が同行しつつ広いショールームをみてまわるという独特の販売スタイルが形になっていった[★2]。

さて、多くのメディアでも報じられた大塚家具の経営権をめぐる騒動は、2014年7月23日の同社取締役会にて、それまで社長を務めていた勝久の長女・大塚久美子が突如社長を解任されたことに端を発する。このときは議決権のない久美子を除く取締役7人中5人が（解任案に）賛成する一方で、社外取締役の1人が反対、1人が棄権し、最終的には解任が成立。[3]勝久が会長を兼務しつつ社長の座に返り咲いた。

しかし、突然の社長交代劇から半年後の２０１５年1月28日に、事態は急変する。前社長の久美子が、株主の立場から現経営体制を刷新するよう、「株主提案」を同社取締役会に届けたのである。実際に株主提案をするには、株主総会の8週間前までに会社側に届く必要があり、28日の定時取締役会はおそらくその期限にあたっていた。[4]このときの取締役会は当然非公開であるが、経済ジャーナリストの磯山友幸は次のように述べる。

「取締役会では久美子側の株主提案をどう扱うのか、議論が紛糾したことは想像に難くない。結果的に勝久が久美子の強硬姿勢に折れ、社長復帰を許した背景には、株主総会で父娘が対立する不様な姿を晒《さら》したくなかったためばかりではなさそうだ。株主を真っ二つに割った激しい委任状争奪戦（プロキシ・ファイト）に発展する可能性が十分にあったうえ、その勝敗が読み切れなかったためだと思われる[5]」。

★1—大塚勝久の父で桐箪笥職人の千代三が春日部で立ち上げた箪笥工房に端を発する。複数の会社の吸収合併等を経て、現在の形の株式会社大塚家具が設立される。「ＩＤＣ大塚家具」のブランドネームで知られる。

★2—大塚家具ホームページ「ＩＤＣ大塚家具の変遷」http://www.idc-otsuka.jp/history/history.html

★3—週刊東洋経済編集部他『大塚家具　父と娘の泥仕合』東洋経済新報社、２０１５年。

★4—日経ビジネスオンライン「大塚家具、前代未聞のドタバタの顚末」http://business.nikkeibp.co.jp/article/report/20150129/276882/

結果、久美子は社長に返り咲き、勝久は会長に就任。代表権は両者に付された。

さらにこの翌日、今度は勝久が株主提案を行った。提案内容は、久美子と同じく経営体制の刷新であり、勝久が考えた経営体制案が届けられた。同社取締役会では、勝久の株主提案に反対の意見であることを発表し、久美子が考える新しい経営体制を「会社提案」として発表。その後、勝久は自身の意見を支持する社員を連れて記者会見を開き、父と娘の対立として世間を賑わせていった。3月27日の株主総会当日には、マスコミ各社が会場周辺でレポートを行い、注目を集めたことで同社の株価は一時２０００円台まで高騰した。

株主総会の結果としては、久美子ら10人を取締役とする会社提案が、議決権を行使された株式のうち61％の賛成を獲得。かたや勝久の株主提案は36％にとどまった。総会後の取締役会で、久美子の社長兼営業本部長、（勝久の）二男・雅之の取締役営業副本部長への就任が決まる一方、敗れた勝久は同日付で会長を退任した。★6

2　対立は法廷へ、現在も続く対立

さらに対立は続く。騒動が起こる前年の２０１３年10月に勝久は、創業家の資産管理会社「ききょう企画」に対して、社債償還訴訟を求めて訴訟を起こす。この社債とは、２００８

年に勝久が大塚家具の株130万株をききょう企画へ譲渡した際、株式の代わりに受け取ったものであり、2013年4月が償還期限となっていた。勝久は「ききょう企画が返還に応じない」ことから訴訟を起こしたが、ききょう企画を管理する久美子は「大塚家具の事業承継と相続対策が目的であり、社債償還の延期は合意されていた」[★7]と語っている。裁判で久美子側が敗訴した場合、償還金額の15億円をキャッシュで返済できなければ、それを捻出《ねんしゅつ》するために勝久からの譲渡を受けた130万株を「代物弁済」するという選択肢も浮上する。[★8]これに対して久美子は、再び勝久が大量の株を取得することを懸念し、130万株をききょう企画から自身に譲渡する形をとった。これについても勝久は訴訟を起こし、久美子への株式譲渡が無効であることを求め、法廷で争うことにしたのである。

社債償還訴訟は2016年4月11日に判決が言い渡された。判決は、勝久が勝訴。当初は久美子が控訴するとの見方もあったが、後日に控訴を断念、勝久側も株式譲渡の訴訟を取り下げて幕引きとなった。ほどなくして勝久は、新会社「匠大塚」を設立。この動きに、メディア各社も再びの対立として注目していった。本書執筆時の2017年1月時点では、勝

★5—★3と同じ。
★6—★3と同じ。
★7—東洋経済オンライン「大塚家具、娘に勝訴した父は何を得たか」http://toyokeizai.net/articles/-/113355
★8—★3と同じ。

久が経営する匠大塚は好調に業績を伸ばしている。一方、久美子が率いる大塚家具は営業赤字が膨らみ、株価も2015年の株主総会時から比べて半値近くまで下落している。久美子は同社の経営という点だけをみれば事業承継を果たしたことになるが、血縁関係にある父娘が対立するという最悪のシナリオは世間に良い印象を与えることはなく、事業承継におけるリスクマネジメントは失敗したといわざるを得ない。

3 超長寿企業の多くは「ファミリー経営」

今回の騒動については、ファミリー（同族）経営が原因であるかのような記事・論評を掲載するメディアが一部にあるようだ。「ファミリー企業は不祥事の温床」などと考える一般的な傾向もある。これに対し本書は、多くの企業を取材してきた筆者自身の立場から、異なる見方を示したい。実際のところ、超長寿企業にはファミリー経営のところが少なくない。そして、それらの多くは今日においても事業を続けている。

日本におけるファミリービジネス研究の第一人者であり、『三代、100年潰れない会社のルール』の著者である後藤俊夫は、経済学者であるP・F・ドラッカー[★9]の言葉から、ファミリー経営を行う企業が生き残るための5つの鉄則をあげている。

ドラッカー流ファミリー企業生き残りの5つの鉄則★10

①自社で働く一族関係者には、少なくとも一般従業員以上の能力と勤勉さを求めなければならない。

②同族以外の幹部登用を意識的に行い、研究開発、マーケティング、財務など専門知識のある幹部陣容を揃えること。

③前項2の視点に立って、経営者の少なくとも一名は同族以外から登用すべき。

④承継の判断を部外者（第三者）に委ねること。一族およびビジネスとは無関係で中立の立場にあり、信頼できる専門家を相談相手として確保しておく。

⑤一族がファミリービジネスに貢献する基本姿勢が重要。事業と一族の存続は、一族が事業に貢献するか否かで決まる。

★9―ユダヤ系オーストリア人の経営学者（1909～2005年）。第二次世界大戦中、ナチス政権によるユダヤ人迫害を逃れイギリス、次いでアメリカに亡命。その後、企業経営・組織マネジメント、またより広く社会・政治一般に関する影響力ある論考を多数発表。主な著作に『現代の経営』（現代経営研究会訳、ダイヤモンド社、1965年）、『マネジメント』（有賀裕子訳、日経BP社、2008年）などがある。

★10―後藤俊夫『三代、100年潰れない会社のルール―超長寿の秘訣はファミリービジネス』プレジデント社、2009年、153～154ページ。

以上の5つの鉄則は先述の通り、ファミリービジネス研究者が生き残りという視点であげたものであり、事業承継におけるリスクマネジメントが確かなものであるかどうかを測るポイントとなり得る。これに当てはめるならば、大塚家具には④にある通り、事業承継に関わり、判断を委ねられる第三者の存在が不可欠だった。だが、この存在が不可欠であるということを勝久また周囲の経営幹部が気づいていなかったか、重要と考えていなかったと推測できる。

久美子は同社が創業40周年を迎えた2009年に社長となり、創業者である父の事業を承継した。社長としては社業発展を心から願うものであり、それは勝久と共通していたはずだ。さらに血縁ということで、周囲も潜在するリスクに気づけなかったのかも知れない。そして久美子は、将来にわたる事業発展のために、勝久が築いてきたビジネスモデルの転換を決意する。インタビューでも「(一人でも)入りやすい、みやすい、気楽に入れる店づくりをしてきた」と答えていた。店舗にもカジュアルな雰囲気を施して、「10年以上減り続けてきた入店者数も数年前に増加に転じた[★11]」と確信に満ちていたのだが、この転換が勝久の怒りに触れ、対立を生んだのである。

後藤は前述の著書で[★12]、超長寿企業であるファミリー企業の特徴として自己改革(イノベーション[★13])の連続をあげているが、もし事業承継に関わる第三者が存在し、判断を委ねていれば、久美子の取り組みがイノベーションか否かを判定し、両者に助言することもできたのではないか。そうなっていれば、騒動へと発展する前に仲裁できたかもしれない。場合によっては、もう一度事業承継を見なおすということもできたはずである。

事業承継問題は、事故や災害のリスクと決定的な違いがある。事故は安全管理の徹底によって起こらないかもしれないし、幸運にも災害に遭遇しないこともあり得る。一方、事業承継は確率1である。企業経営者はいつか必ず事業承継を行わなければならない。だからこそ、今後も企業にとって大きな課題であり、リスクとなっていくことは明らかである。そうした点であらゆる関係者が、より多くの事例を知り、リスクマネジメントについて学びを深めることが肝要といえるだろう。

★11―★2と同じ。
★12―★10と同じ、9ページ。
★13―物事を刷新・革新し、それまでとは異なる社会的・経済的・技術的等々の価値を創出すること。日本ではしばしば「技術革新」と同義とされる。経済学者ヨーゼフ・シュンペーターによる定義では、経済活動のなかで生産手段や資源、労働力などを従来と異なる仕方で新結合することとされる。

Case Study

❶自身の勤務先、また周囲の企業における事業承継の現状を調べてみよう。

❷自身が経営者として、血縁関係にある人（子どもなど）への事業承継をするうえで注意するべき点について、本文内の5つの鉄則を参考に列挙してみよう。

ケース 7

モンダヴィのフランス撤退と事業承継への影響

ロバート・モンダヴィ・ワイナリー（アメリカ）

- ロバート・モンダヴィは父から自身への事業承継、また自身から子らへ事業承継でそれぞれ成功とはいえない結果となった。この要因は親族間の確執であり、事業承継をする側と受ける側双方の配慮が欠如していたといえる。
- 一方、モンダヴィに反対を唱えた中心人物のエメ・ギベールは、子の立場に想いを寄せながら対話をし、事業承継に成功している。
- 本章の主旨とは異なるが、事業のグローバル展開、他国・他地域への進出といった点でも学ぶべき点が多い。

1 事業承継の失敗

世界のワイン名産地のひとつ・カリフォルニア州に「カリフォルニアワインの父」と称された実業家、ロバート・モンダヴィ（以下、ロバート）がいた。ロバートの父はイタリアから同州へ移住し、ワイン生産に従事。1943年には当時のカリフォルニアで一番の老舗だったクルーグ・ワイナリーを買収した。しかしながらロバートは、父の逝去後に生じた兄弟間の確執により、半ば追放される形でクルーグを去った。そしてロバートは66年にロバート・モンダヴィ・ワイナリー★1（以下、モンダヴィ）を設立。高品質ワインの開発で大成功を収め、同州を今日の地位に押し上げる立役者となった。

ここで押さえたいポイントは、ロバートが父から事

図 3-1 ★モンダヴィが進出をめざしたアルブッササス山地

業を承継することに失敗したということである。当初は父を中心として兄弟間で役割を分担して事業を遂行していたが、父の逝去によりそれぞれの路線の違いが確執を生みだしてしまった。そしてロバートは去ることになるのだが、争いは法廷へと場を移し、長年にわたってつづけられていった。

2 企業買収とグローバル化

しかし、独立後のロバートの事業は成功に恵まれた。モンダヴィは積極的にグローバル化を進める。ワイン2大産地のひとつであるボルドーの名家・ロートシルト家との間で、対等な立場でジョイント・ベンチャー会社を設立し、高級ワインを生産。傑作のひとつであるワイン「オーパス・ワン」を誕生させた。続いて、イタリアで30代にわたりワインを生産するフレスコバルディ家と連携し、「ルーチェ」を開発。チリでは1850年代からの生産家であるエドワルド・シャドウィック家と連携して「カリテラ」を開発した。

★1――1966年、ロバート・モンダヴィが米カリフォルニア州オークヴィルにて創業。同社は、そのワインのクオリティとグローバル化志向の経営戦略によって、カリフォルニア・ナパバレーのワイン産業を世界的なレベルに成長させたとされる。

さらにロバートは、グローバル化を推進するための資金調達策として1993年に、株式公開に踏み切る。しかし、ロバートの思惑に反してモンダヴィの株価は低迷し、経営の先行きさえ危ぶまれる事態となった。

これはロバート自身が80歳を迎えたにもかかわらず、事業承継を進めていなかったからである。マーケットの反応からロバートは第一線を退くことを決意した。長男マイケルがCEOとして経営とマーケティングを、次男のティムがワイン生産責任者をそれぞれ担当することになった。やがてモンダヴィはワインの本場、フランスへの本格的な進出をめざしていく［図3‐1（→p.102）］。

フランスへの進出に際し、モンダヴィは2大産地のボルドーやブルゴーニュではなく、南西部のラングドック・ルシヨン地方［図3‐2］を選んだ。同地方はフランス最大のブドウ生産地であり、

図3-2★ラングドック・ルシヨン地方

かつては高級ワインの生産も盛んだった。だが、近年では低価格低品質ワインの大量生産地として定着しており、高級ワインを生産するボルドーやブルゴーニュとは大きく水をあけられる状態となっていた。

モンダヴィは同地方の市長や政治家との接触を重ね、同地方のワインを１００%使用した自社ブランド「ヴィション・メディテラネアン」の開発に着手した。さらに、ブドウ栽培から手がける本格的な進出先としてエロー県モンペリエ市近郊にあるアニアーヌ村への進出を決め、２０００年4月に計画書を村議会に提出。その後は、地元のワイン生産共同組合との共同生産を行う計画に修正したところ、多くのブドウ栽培者が賛成に回った。また、地方の政治家の後押しもあって、村議会はモンダヴィの進出計画を承認した。この計画は、念願を果たすモンダヴィ、地元のワイン製造者、自治体に至るまで、計画に関係する者すべてがＷｉｎ《ウィン》－Ｗｉｎ《ウィン》の形で、勝者となり恩恵を受けるはずだった。

3 反対勢力の台頭とモンダヴィの撤退

だがここで、状況を大きく覆す動きが起こる。モンダヴィの進出計画に対する反対勢力（反グローバリゼーション運動家、環境保護主義者、狩猟愛好者、共産党員、農村移住者など）が結集し、立ち上がった。この運動において中心的な存在となったのは、進出先のアニアーヌ村でワイン園マス・ド・ドマ・ガサック［図3-3］を経営していたエメ・ギベールだった。

ギベールが反対運動を起こした背景には、彼の過去の体験がある。かつてギベールは、手袋など皮革製品の製造会社を経営していたが、グローバリゼーションに伴う韓国製品の輸入解禁により、経営が破綻してしまった。その後アニアーヌ村へ移住するが、地理学者から自身の土地が高級ワイン用のぶどうを栽培する最適地との進言がもたらされ、栽培に取り組むようになった。そして、伝統的な手法で高品質ワインの開発に成功したのだ。ちなみにモンダヴィもギベールのワイン園に着目し、提携や買収をもちかけた経緯があったものの、モンダヴィがアメリカ流のグローバル戦略をとっていたため、提携や買収はもとより、進出計画にも反対を唱えたのであった。

図 3-3 ★ワイン園マス・ド・ドマ・ガサック

反対運動が続いている最中にあった2001年3月、フランスでは地方議会選挙が行われた。当然アニアーヌ村はモンダヴィ進出の賛否が争点となったが、結果としては反対を公約に掲げたマニュエル・ディアスが当選し、村長に就任。これにより前議会で承認された開発許可は保留となり、議会は一転して進出計画の反対決議をするに至った。続いて5月には、推進派の地元ワイン業者が開発からの撤退を表明。9月にはモンダヴィがラングドック地方からの撤退を発表した。こうしてフランス進出計画は失敗したのである。この後にモンダヴィは、事業戦略を巡って父子間の確執が決定的となり、ファミリー企業内は大きくゆれ動いた。2004年9月にはアルコール飲料における世界トップ企業のコンステレーション・ブランズがモンダヴィを買収、モンダヴィ家は自らの家名を冠した企業の経営権を失った。そしてロバートは失意のうちに2008年5月に、94年に及ぶ生涯の幕を閉じた。

4 事業承継でも明暗を分けた両者

先述のようにロバートは、晩年におけるフランス進出計画が失敗し、長男との確執を生じさせてしまう。父からの承継で失敗したにもかかわらず、自身が承継する際にもその教訓を生かすことができなかった。時代や国という違いがあるとはいえ、本章ケース6とケース7

では親族間の確執という共通点がある。事業承継の要諦は①後継者である子にとっては先代である親に対する「忍耐心」をもつこと、そして親の理念を継承し守っていきながらも「独自性」を発揮すること、一方、②親にとってはこの厳しい経済状況下で事業を受け継いでくれる子がいることの幸福をかみしめながら見守ることであろう。

この2つの要諦をついに押さえることのできなかったモンダヴィ親子と対照的なのは、エメ・ギベールとその息子サミュエル［図3‐4］の関係である。2007年、筆者は現地取材のなかで、この父子に「事業承継の成功要因はなにか」という問いを投げかけた。すると、ひとこと「忍耐」と答えた。創業者である父親に対して、辛抱強く接していくことこそが重要ということだろう。続いてエメ・ギベールは「事業を譲り渡す・伝承するという発想は間違っている。これは受け取る子ども側の問題。受け取る術を知り、受

図3-4★ギベール父子

け取るものを大切にし、それを守っていく若者がいる。一方で、大切なのは価値であって、受け取るものがなにもなくても、自分で作りだしていくんだと考える若者もいる。受け取ってくれて、それを守ってくれる子どもをもつ者は幸せだ」と語った。当然ながらギベールは事業承継に成功している。

5 フランスにおける中小企業への事業承継政策

日本政策金融公庫の村上義昭は、フランスにおける中小企業の事業承継政策について、日本と比較しながら評価すべき5点をあげている。[★2]

①支援内容や支援対象が多様

フランスでは、金融や税制だけではなく研修やマッチングサービス等、すべてのプロ

★2―亀井克之『現代リスクマネジメントの基礎理論と事例』法律文化社、2014年、163ページ、村上義昭「中小企業の事業承継」関西大学中小企業の事業承継日仏シンポジウム実行委員会編『中小企業の事業承継日仏比較研究』2012年（日仏シンポジウムの内容について動画などがWEBサイトで公開されている。http://www2.itc.kansai-u.ac.jp/~kamei/colloque2011/index.html）。

セスに国が関与している。支援対象も小規模から相対的に大きな規模までカバーしており、親族以外への承継への支援策が充実している。日本の場合、税制（とくに相続税）や金融に集中している。また対象は親族による承継に集中している。第三者への承継を対象としたファンドが創設されたりもしているが、相対的に規模の大きな企業への措置となっている。

②マッチングサービスで利用されるデータベースが質・量ともに充実

フランスにおける商工業会議所・手工業会議所などが運営するデータベースでは、企業情報を収録するにあたって事前に企業内容を確認している。古い情報は削除されるなど、メンテナンスも行われている。日本の場合、小企業の売買が可能な市場を整備することを検討する必要がある。

③多様な支援策が互いに関連しあうことで、大きな効果が生まれている

フランスにおけるマッチングサービスは、質と量の両面から充実したデータベースの存在が前提となっている。また、税制によって譲渡者へのインセンティブを与えることによって、譲渡を決心しやすくしている。「譲渡適齢期を控えた経営者の啓発」を行い、企業価値が劣化する前に譲渡を決心させる取り組みもある。

④雇用や地域経済の活力を維持するためには事業承継を支援することが重要であるという幅広い社会的コンセンサスがある

フランスでは、起業と事業承継が同等に扱われている。

⑤仲介手数料が安い

フランスでは、譲渡希望企業や承継希望者に関する豊富なデータベースがある。売買事例が多いので相場が形成されており、企業価値を評価するコストが安くなっている。中小企業の売買事例が多いため、仲介に携わる会社や専門家が多数存在し、ノウハウが蓄積されている。民間企業だけでなく、商工業会議所・手工業会議所・民間非営利組織が個別取引にも関与しており、仲介にかかるコストを社会的に負担するしくみがある。日本ではある都市銀行のM＆A専門部署の場合、成功報酬は最低でも２５００万円である。中小企業の譲渡を対象としている東京商工会議所の「M＆Aサポートシステム」でも、譲渡金額が3億円の場合、着手金と成功報酬の合計で２４５０万円になる。これに対して、フランスのある仲介会社では譲渡金額が３００万ユーロ（約3億円）の場合、成功報酬は13万ユーロ（約１３００万円）であり、日本と比べて安い。

日本ではかねてより、中小企業の事業承継をめぐる諸問題は経営者の死亡や相続といった個人的な問題である、と考えられてきた。そのため議論も税負担の軽減に関わる内容が中心で、総合的な検討や取り組みはなされていなかった。しかし近年になって、中小企業経営者の後継者不足によって毎年7万社が廃業している背景から（→p.116）、抜本的な支援政策が打ちだされた。

まずは、２００６年５月１日に施行された「会社法」である。これにより種類株式制度の拡充、株主ごとの異なる取り扱い、相続人などに対する株式の売渡請求権の創設など株式に関連して事業承継円滑化に活用できる手段が整備された。続いて２００８年５月16日には、「中小企業における経営の承継の円滑化に関する法律（通称、経営承継円滑化法）」が成立し、同年10月１日から施行された。これにより①後継者への経営権の集中を阻害していた遺留分の制約を解決するための民法の特例（２００９年３月１日施行）②後継者支援制度（後継者育成・確保、事業承継のために必要となる資金の融資制度）③非上場株式に係る相続税ならびに贈与税の納税猶予の特例（現行の10％減額から80％納税猶予する制度へ、２００８年10月１日から適用）という３つの制度が創設された。ただ、経営承継円滑化法は適用条件があることなどから、中小企業の事業承継問題解決の切り札とはなり得ていない現状があった。そこで２０１５年８月、経営承継円滑化法の一部を改正する法律が成立し、２０１６年４月１日から施行された。これにより遺留分特例制度の対象を親族外へ拡充することなどの措置が講じられることとなった。

なお、先代からの事業の受け継ぎと後継者への事業の譲り渡しという事業承継の入口と出口を経験した津島晃一は、その体験を博士論文にまとめた。津島は、円滑な事業承継を阻むリスクとして、「個人保証」の問題が根底にあると指摘している。[★3]

★3――津島晃一「中小企業における所有と支配の分離――経営者保証による最終決定権の確立」嘉悦大学大学院ビジネス創造研究科平成28年度博士論文。

Case Study

❶今回はモンダヴィ家とギベール家を対照的なものとして論じたが、事業承継の視点でどんな違いがあったかを考えてみよう。

❷事業承継における「忍耐」とは何か？　親と子、先代と後継者の視点から考えてみよう。

ケース 8

日本の老舗企業における事業承継の事例

- 事業承継とは、単に先代通りの形で事業を遂行するものではなく、ときに挑戦というリスクテーキング、承継を拡大・発展の起点とした取り組み、事業の根幹をなす技術の継承などを考え経営することである。
- いろいろな事例を知ることで、自社が事業承継までにすべきこと、できること、事業承継の後にすべきこと、できることを考えていくことが重要になる。

1 後継者不足による廃業のリスク

２００６年版『中小企業白書』によれば、年間29万社の廃業のうち、後継者不足を理由とする廃業が７万社にのぼる。企業数で９割、雇用者数で７割を占め、新たな技術やサービスを生みだす苗床として、量と質の双方の面で日本経済のダイナミズムの源泉となってきた中小企業、それが事業承継を円滑に行えず、最悪の場合、廃業してしまうことは社会経済にとって大きなリスクである。

中小企業の事業承継においては、とりわけ「後継者探し」「事業売却先探し」「引退者と後継者の心理」「事業承継に関わる法制・税制」などの諸問題が生じやすく、社会的リスク（ソーシャルリスク）となる。また、中小企業自体も①経営者がリスクの存在自体に気づいていない、②気にはしているが事前の対策をとっていない、③高齢化や健康悪化により引退が現実のものになり、リスクが顕在化してからの事後的な対策では間に合わない、④モノ・カネ（資産・資金）と、ヒト・ココロ（人間関係・心理）の諸側面が複雑に絡み合う、という特徴がある。

リスクマネジメントにおける最大の留意点は、５〜10年程度の長期的なスパンで「時間」

をかけて対策を積み重ねる必要があるということである。つまり、その場しのぎは不可能なのだ。

「リスクに気づき」、「リスクを可視化」し、各ステージにおいて「とるべきマネジメント」を記した事業承継計画を作成・実行することが有効である。モノ・カネ（資産や財務）の面では、政策・法制を活用し、金融機関や税理士などによる支援を得て対策をとることができるが、ヒト・ココロ（人間関係や心理）の面での対策は単純ではない。★1

2 一人一業かつ長子相続にこだわらず「300年企業」に

さて、現代の日本では事業承継が社会問題として顕在化しているが、他方、一般的にも知られる通り、世界からみた日本は圧倒的な「**長寿企業大国**」である。韓国銀行による2008年の調査データでは、創業200年以上の企業が世界44か国で5586社あるが、うち半数を超える3146社が日本企業である。また帝国データバンクによる2013年調査データでは、国内144万社中2万6144社が創業100年以上となっている。

★1―亀井克之『現代リスクマネジメントの基礎理論と事例』法律文化社、2014年、156ページ。

後者の調査では都道府県別の企業数も調査されていたが、この第1位が京都府である。ここで300年間にわたって事業を承継してきた堀金箔粉を取り上げたい。

堀金箔粉は江戸時代中期の1711年に初代・堀伝兵衛が創業［図3-5］。その後は7代目新太郎が昔ながらの金箔の製造・加工に限らない各種金属箔粉を取り扱うようになった。[★2] また、世界恐慌から戦時下にかけては金の統制を受けるなか、銀箔に着色して金色にした「親和箔」を開発[★3]するなど、代々にわたって苦労を重ねながら事業を承継してきた。このなかで堀家はいつ頃からかは定かでないが、一人一業（兄弟が何人いても継ぐのは一人だけで兄弟で同じ仕事をしない）と、能力主義的な後継者選び（長子相続にこだわらず、経営者の才覚のある者に後を継がせること）を習わしとしてきた。[★4] 同社の9代目悦明は、幼少期に経営者としての素質をみいだされた。そのため、兄弟のなかで悦明だけ

図 3-5 ★堀金箔粉

が高校・大学に通いながら店で寝泊まりする日々を送ることになった。従業員たちと寝食を共にしながら、毎朝の掃除、荷造りや発送、さらには営業業務にも携わった。のちに悦明は若くして社長職を継ぐことになったが、その際、番頭をはじめ古参従業員からの反発は一切なかった。幼年期から従業員たちと寝食をともにしながら働いてきたことが、ここでプラスに作用したのである。[★5] 現在は10代目の堀智行が代表取締役を務める。300年の老舗が決断の基準として貫いてきた基本精神は、「絶対の品質」を大切にして、決して「値段」では競争しないことである。さらに①社員の「和」、②適正規模の経営（目先の売上や拡大より継続）、③信用第一（無借金経営、自己資本率85%以上維持）、④伝統とは革新の連続、が理念として守られている。

★2―堀金箔粉「経営理念の継承―経営人類学者の視点」『PHPビジネスレビュー』2010年3・4月号特集。
★3―★2と同じ。
★4―★2と同じ。
★5―★2と同じ。

3 大阪の企業家から学ぶ事業承継とリスクマネジメント

国内企業における事業承継とリスクマネジメントの事例をみるにあたり、大阪に縁のある企業家の姿勢、そして企業の動きをみていきたい。ここでは、大阪商工会議所が設置した「大阪企業家ミュージアム」[★6]に展示されている企業・経営者からピックアップした。そのなかで、①リスクテーキング（新分野への挑戦や方針転換など、あえてリスクをとること）をした事例、②事業承継により拡大・発展を遂げた事例、③伝統や優れた技術を承継し事業を永続させてきた老舗企業の事例に分けて、いくつか紹介したい。

リスクテーキング[★7]をした事例

▼阪堺《はんかい》鉄道（松本重太郎）

阪堺鉄道[★8]は大阪市と堺市を結ぶ路線で、現・南海電鉄のルーツでもある。開業にあたっては、関西経済界を代表する傑物であり、実業家の松本重太郎が大きく関わった。当時は採算面で実現が難しいとされていたが、松本は明治16年に紀州街道（現在の国道26号など）で交通量調査を実施。「人が通れば小豆、荷車が通れば大豆」で数え、独自に調査をしたという。この結果に自信をつけた松本は、翌々年の明治18年12月27日、難波〜大和川間（7・6キロメートル）を小型SLで初めて開通させ、明治21年5月には当初の計画だった難波〜堺間を全線開通させた。[★9] 乗客数は明治28年に300万人を突破している。

▼東洋紡[★10]（渋沢栄一→山邊丈夫）

日本は明治維新以後、イギリス綿など外国綿の輸入が増加し、国内の紡績産業は危機に直面した。そうしたなか、実業家の渋沢栄一が日本初の民間資本による大阪紡を設立。その事業を承継し2代目社長を務めたのが山邊丈夫である。山邊は1万5000錘《すい》の紡績機を導入し、24時間操業を行うことで大量生産によるコスト引き下げを実現。結果、外国綿を駆逐した。同社はのちに三重紡績と合併し「東洋紡」が誕生する。

★6—大阪商工会議所によって設立された、「大阪の企業家」をテーマとする博物館。2001年に大阪市中央区にて開館。

★7—亀井利明・亀井克之『危機管理とリーダーシップ』同文舘出版、2013年、117〜118ページ。

★8—1884年に会社創立、大阪と堺を結ぶ鉄道としての阪堺鉄道は1885年に開業した。後に堺から和歌山までをつなぐ鉄道として南海電鉄へと改変された。

★9—南海電気鉄道ホームページ「南海電鉄の歴史—鉄道博物館」http://www.nankai.co.jp/traffic/museum/muse/ji001.html

★10—前身の三重紡と大阪紡の合併により、1914年設立。繊維事業を中心としつつも、そのほかにも化成品、バイオ、医薬などの開発・製造へと事業を拡大してきた。

事業承継により拡大・発展[★11]

▼伊藤忠商事[★12]（初代伊藤忠兵衛→2代目伊藤忠兵衛）

近江で呉服反物商を営んでいた初代伊藤忠兵衛が、父の事業を承継し、麻布《まふ》を大阪へ持ち下り（商品を持参し出張販売すること、当時は大阪の物品を地方で売ることがほとんどだった）を行った。[★13]また、1872年には大阪の本町で繊維問屋「紅忠」を創設。ここでは「店法」を決め、店員の権限を明確にした。2代目伊藤忠兵衛はイギリスでの留学時代に貿易のさまざまな取引形態を学び、今日における総合商社の原点となる基盤を築いた。5代目越後正一は1949年に総合商社化を果たし、重化学工業など非繊維部門の拡充、資源開発・輸入などに尽力していった。

▼吉本興業[★14]（吉本吉兵衛・せい→林正之助）

1912年に吉本吉兵衛・せい夫婦が、第二文芸館を入手し、寄席の経営に着手。[★15]以降は関西・関東の主たる寄席を買収し、現代でいうチェーン展開を行う。同時に興業部を設立し、月給制で所属芸人をマネジメントしていった。この後、吉本せいの弟である林正之助が事業を承継。同氏は寄席を利用し、映画、プロレスなど時流にマッチしたサービスを展開。さらには漫才に着目し、各地にあった寄席を劇場として、破格の入場料で興業を行った。また演芸台本の制作や番組企画、所属芸人の出演手配なども行い、テレビ業界にも強固な地位を確立した。

▼サントリー[16]（鳥井信治郎→佐治敬三）

創業者の鳥井信治郎は、薬種問屋で奉公していた折に洋酒の調合技術を学び、ぶどう酒を製造する「鳥井商店」を開業。１９０７年には「赤玉ポートワイン」を完成させ[17]、社名も「寿屋洋酒店」に改称した。さらに持ち前の「やってみなはれ」精神で京都・山崎で国産ウイスキーの製造に挑戦し、１９３７年に「角瓶」を完成。ウイスキー文化を切り拓いた。

★11—★7と同じ、１１９〜１２２ページ。
★12—１８５８年に初代伊藤忠兵衛が創業した布類の卸売業が原形。戦前は伊藤忠財閥を組織し、現在でも日本屈指の大手総合商社である。多数の紡績企業を傘下にもち、繊維部門を大きな強みとしている。
★13—伊藤忠商事ホームページ「伊藤忠商事の歴史」https://www.itochu.co.jp/ja/about/history/index.html
★14—１９１２年に創業された日本で最も古くからある芸能プロダクション。２００７年に持株会社制に移行し、各事業部門をそれぞれ「よしもとクリエイティブ・エージェンシー」、「よしもとデベロップメンツ」、「よしもとアドミニストレーション」に分社化している。
★15—吉本興業ホームページ「吉本興業ヒストリー」http://www.yoshimoto.co.jp/100th/history/
★16—ビールやウイスキーなどの酒類や各種の清涼飲料の製造・販売を主とする企業。１８９９年に鳥井信治郎が創業した鳥井商店を前身とし、１９６３年に「サントリー株式会社」へと社名を変更した。２００９年に持株会社制へ移行し、「サントリーホールディングス株式会社」となる。
★17—サントリーホールディングスホームページ「サントリーの歴史」http://www.suntory.co.jp/company/history/

続いて事業を承継したのは、鳥井の次男である佐治敬三。ウイスキー事業では、「トリスウイスキー」のキャッチフレーズで洋酒市場の開拓に努め、「山崎」や「響」など世界で通用するウイスキーを生みだし、日本の洋酒文化を発展させた。1963年にはビール事業に進出。サントリービール「純生」や麦芽100％の「モルツ」を開発した。昭和50年代には、食品や医療の分野にも進出し、海外でも事業の多角化を推進。サントリー文化財団やサントリー生命科学財団、社会福祉法人や学校法人の運営などにも積極的に取り組んでいる。★18

伝統や優れた技術を承継してきた老舗★19

▼竹中工務店★20（竹中藤右衛門）

初代竹中藤兵衛正高が1610年に創業。江戸時代初期から代々続く宮大工の棟梁《とうりょう》としてその精神を受け継いできたが、1899年に第14代の藤右衛門が近代建築を事業とする「竹中工務店」を設立した。設計と施工を一貫して行うのが特徴で、「最大たるより、最良たれ」を信条に、建築作品第一主義、技術主義を貫いてきた。

▼大日本除虫菊★21（上山英一郎）

1885年に創業。除虫菊の粉から蚊取り線香を開発し、さらに妻のアイディアから渦巻き形の蚊取り線香を開発。近年では除虫菊殺虫液を開発し、殺虫剤「キンチョール」を商品化した。「鶏口となるも牛後となるなかれ」のことわざに因んで、ブランドを「金鳥」（ＫＩ

NCHO）とするが、創業からの「大日本除虫菊」の社名は堅持している。

▼シマノ[★22]（島野庄三郎）

1921年に島野庄三郎が島野鐵工所を創業。自転車の主要部品であるフリーホイールに的を絞って生産し、開発したサンドブラスト法で世界に通用する製品づくりを行う。1939年には世界シェア60％に成長した。1970年には、アルミやカーボンの加工技術を生かして釣具分野にも参入[★23]した。

▼ミズノ[★24]（水野利八）

1906年に水野利八と弟利三が水野兄弟商店として創業。スポーツを生活文化として確立し、その大衆化に力を注いだ。高品質な運動服の既製品化に着手し、1918年にはカッ

★18―サントリーホールディングスホームページ「CSRの取り組み」http://www.suntory.co.jp/company/csr/activity/society/
★19―★7と同じ、122〜124ページ。
★20―日本の大手総合建築会社。歴史は古く、創業は江戸時代の1610年まで遡る。東京タワーや大阪ドーム、東京ミッドタウンなどの施工で知られる。
★21―蚊取り線香や「キンチョール」などの殺虫剤の製造・開発で知られる日用品メーカー。家庭用殺虫剤では国内主要シェアを誇る。
★22―自転車部品と釣具の製造を主要な事業とするアウトドアスポーツ用品会社。1921年に島野鐵工所として創業された。自転車部品メーカーとしては世界最大の規模を誇る。
★23―シマノホームページ「会社沿革」http://www.shimano.com/jp/company/history/.html

ターシャツなどヒット商品を生みだした。1910年に開いた店の屋号にも入れた「美津濃」の名称でブランド戦略を展開し、幅広くスポーツ用品を製造販売する。「美津濃」ブランドの知的所有権を厳しく守る。

▼高島屋[★25]（飯田儀兵衛→飯田新七）

京都・烏丸松原で米穀商を営んでいた飯田儀兵衛の婿養子として事業を承継した新七が、本家と同じ屋号「髙島屋」の名で創業。その後、新七の婿が事業を承継するも、新七の没後すぐに亡くなり、新七の長女である歌が事業を承継した。儀兵衛は今の百貨店にも利用されるショーウィンドー[★26]の設置を取り入れ、大阪店や東京店などを開店し、1919年に株式会社髙島屋呉服店を設立した。

★24―総合スポーツ用品メーカー。「より良いスポーツ品とスポーツの振興を通じて社会に貢献する」との経営理念のもと、国際規模でスポーツ振興に力を注いでいる。
★25―国内大手の百貨店のひとつ。1831年に古着・木綿商として始まる。本店にあたる大阪店は1898年開業。現在では東京など関東地方にも広く直営店をもつ。
★26―高島屋ホームページ「高島屋の歴史」http://www.takashimaya.co.jp/archives/history/

Case Study

❶創業100年以上の長寿企業について、企業の沿革などをウェブサイトなどで調べながら、現在までの経営者がとった「リスクテーキングといえる挑戦」「事業承継による企業の発展」「創業以来変わっていない技術や商品」について調べてみよう。

健康経営とリスクマネジメント

第4章
Chapter

キーワード

健康経営
ストレスチェック制度
メンタルヘルス
中小企業
経営者の健康

はじめに

「健康」というテーマは、どちらかといえば個人がそれぞれ気をつけるべきものというイメージが強く、企業リスクマネジメントとは距離があると感じる読者がいるかもしれない。しかしながら企業活動は、構成する人の活動を総じたものであり、その人たちの健康を重視しない考え方や体質は大きなリスクとなる。また、健康維持がいかにコストメリットを生じさせるかということも、近年では常識的に理解されているといえる。そうしたなかで本章では、従業員の健康リスクを企業がマネジメントする事例として「サンスターの『健康道場』を中心とした全社取り組み」(ケース9)を取り上げる。そして、さらにほかではあまりみられないケースとして「中小企業経営者のメンタルヘルス」(ケース 10)を取り上げる。

ケース 9

サンスターの「健康道場」を中心とした全社取り組み

サンスター（日本）

- 企業として、社員の健康リスクを取り除く「健康道場」を設置した。
- 社会でも高評価を得て、2017 年には「健康経営優良法人」に認定された。
- 製品開発技術を生かし、災害時を含む口腔ケアの啓発にも尽力している。

1　社員の健康リスクを会社として回避する

サンスターグループはオーラルケア製品、化粧品、健康食品、工業用接着剤などの大手メーカーで、１９３２年に創業した。当初は自転車用部品を手がけ、金属チューブに充塡《じゅうてん》した自転車のパンク修理用のりを販売。この製造設備を転用して、金属チューブ入り練歯磨剤を販売しはじめたことを機に現在の事業領域へと拡大を図った。社名については、朝（太陽）と夜（星）に歯を磨いて健やかに、との願いをこめて１９５０年に改称。創業者である金田邦夫が糖尿病がもとで50歳の若さで急逝したことを受け、全身の健康への貢献をめざして１９６３年には社是「常に人々の健康の増進と生活文化の向上に奉仕する」を制定するとともに、「健康産業に携わる従業員は健康であるべき」との考え方から、サンスター社員の行動規範８精神にも「心と体の健康を増進する」を掲げた。

創業者の息子で現会長の金田博夫も、糖尿病で体調を崩したが、玄米菜食の食事療法で回復した。この経験を社員の健康維持に生かしたいとの思いから社内福利更生施設「サンスター心身健康道場」を１９８５年に設立し、メタボや、糖尿病予防のための健康指導を行ってきた。トップの身に降りかかったハザードを見逃さずに手を打つこと、そして社員のリスクを会社として回避させる取り組みを行うことは、企業のリスクマネジメントとして評価するべき点であろう。

2 健康バランスを取り戻す宿泊指導プログラム

同社従業員の健康診断メニューは、人間ドックと同等の内科健診と歯科検診だ。健診の結果、要経過観察となった対象者には、医師・保健師による面談および健診6か月後には再度血液検査などを実施するなど、従業員の健康意識を高めることにより重症化予防に努める。さらに、特定保健指導の積極的支援対象者には、社内福利厚生施設「サンスター心身健康道場」で宿泊型保健指導プログラムが受けられる〔図4-1（→p.134)〕。同社によると、「健康知識の習得、生活習慣の振り返り学習、オーラルケア指導、玄米菜食の食事、ウォーキング、アクアビクス や均整ストレッチなどの運動、冷温交代浴などを組み合わせた『食事』・『身体』・『心』の3つの視点から健康バランスを取り戻すための2泊3日の宿泊指導プログラム」としている。[★1] 費用は同社の健康保険組合が負担し、勤務上も出張扱い、各部門でも積

★1―サンスターホームページ「サンスター『健康経営優良法人2017』に認定」http://jp.sunstar.com/company/press/2017/0221.html

極的に送りだしを行うという。宿泊型の健康指導をはじめたのは2007年からだが、初年度は対象者170人に対して、120人が実際に入門。以後は対象者自体が減っており、社員の健康度が目にみえてわかる数字として表れている。

こうした企業としての取り組みは、社会でも高い評価を得ており、2017年に経済産業省と日本健康会議が創設した「健康経営優良法人」にも認定された。また、同道場で提供している玄米菜食を元にしたや青汁などを「健康道場」ブランドで販売する事業もはじめている。「健康こそ企業価値」との意識を社内に浸透させてきた先駆的な存在の企業として、今後もさらなる取り組みが期待される。

3 口腔ケアによる健康リスクマネジメントを提唱

図 4-1 ★サンスター心身健康道場

資料：サンスター提供

同社では製品などの技術開発による知見をもとに、広く一般へ口腔ケアの重要性を訴えている。これは、口のなかを清潔に保つことで、歯周病が及ぼす病気や全身症状を防ぐことができるというものであり、健康という視点でのリスクマネジメントといえる。

同社のホームページには、歯周病と関連があるといわれている5つの症状が紹介されている。★2

①糖尿病

・歯周病は糖尿病の合併症として捉えられている。

・糖尿病の人は、糖尿病でない人に比べて歯周病になるリスクが高いという報告がある。

・さらに、歯周病の治療によって歯ぐきの炎症が改善すると、インスリンが働きやすい状態になって、血糖値が改善するという報告も増えている。

②心疾患

・歯周病のある人は、ない人と比べて心疾患を発症するリスクが高く、歯周病が重篤であればあるほど、発症リスクが高くなるとも言われている。

・これは、歯周病によって歯ぐきで産生された炎症性物質が血流を介して心臓血管にも影響を及ぼすためと考えられている。

★2―サンスターホームページ「歯周病と全身のかかわり」を一部改変、http://jp.sunstar.com/useful/gumdisease_body/

③早産・低体重児出産

・妊娠中の女性で歯周病の人は、そうでない人に比べて低体重児出産や早産する確率が高いことが報告されている。

・つわりによって口腔清掃が不良になりやすいため、歯周病にかかりやすくなる。

・歯周病による炎症性物質がへその緒を通じて胎児に影響するため、早産や低体重児出産の確率が高まると考えられている。

④誤嚥性肺炎《ごえんせいはいえん》

・唾液や食べ物が誤って肺に入り、唾液中の細菌が元で炎症を起こす病気。日本人の死因の第3位は肺炎で、高齢者の肺炎は、誤嚥性肺炎の割合が高い。高齢、認知症、脳血管障害、手術後など、食物の飲み込みをうまく行えない人は、とくに注意が必要である。

⑤骨粗鬆症《こつそしょうしょう》

・全身的に骨が弱くなると、歯を支える歯周組織にも影響があると考えられている。

・歯槽骨《しそうこつ》が弱くなると歯周組織の破壊が進みやすくなるため、骨粗鬆症は歯周病を進行させる一因と考えられる。

同社では、これらの情報を発信するだけでなく、災害時における口腔ケアの重要性を意識啓発する取り組みも行っている。これは災害発生時に、上水道の供給停止や避難によって歯磨きが定期的にできなくなることで、とくに高齢者が誤嚥性肺炎を起こすリスクが高まるということがあるためだ。具体的には、口腔ケアのためのセットを防災用品として常備すること、それらがない場合の簡易なケア方法を啓発している。実際に２０１６年の熊本地震発生時には、水ですすぐ必要のない液体ハミガキを支援物資として提供した。以後も自治体への備蓄の働きかけ、啓発のためのリーフレットを協力社に配置していくという取り組みも行っている。

企業にとって社員は事業発展への原動力であり、業種によっては労働量が売上に比例することもある。ただ、以前から国全体で「働き過ぎ」が問題視されているように、労働量が増えることで健康へのリスクが高まるのも事実だ。短期的にみれば「企業の売上か、社員の健康か」という二者択一的な考えに陥るかもしれない。

しかしながら、長期的に物事を見れば「**社員の健康が事業の発展につながる**」ことは間違いない。たとえば、社員が健康を害して休業すれば、補完する労働力を確保する必要がでてくる。退職となってしまえば、また新たな人材を一から教育しなければならないというリスクも生じる。さらに、健康を害するという段階までには至らなくとも、業務効率やビジネスなどの新たな着想、社員間のコミュニケーション充実などを追求すれば、重要性が明白になってくる。傷病への事後対処に終始するのではなく、予防医学を取り入れ、健康に取り組んでいくことが、今後の企業活動には不可欠となっていくことだろう。

Case Study

❶サンスターの事例をもとに、「会社や部門で取り組むべき健康リスクマネジメント」を考えてみよう。

❷口腔ケアのように、健康リスクを回避するためにどんなアクションができるかを考えてみよう。

ケース 10

中小企業経営者のメンタルヘルス

日仏の事例

- 日本では「ストレスチェック制度」が義務化されたが、経営者は対象外である。
- メンタルヘルスに問題を抱える経営者は多く、大半が中小企業である。
- フランスでも、経営者と被雇用者の「近接性」による影響が論じられ、大きな反響があった。

1　ストレスチェック制度とリスクマネジメント

中小企業におけるメンタルヘルスについて考えるときに、まずは2015年12月から義務化された「ストレスチェック制度」に触れておきたい。これは前年に改正された「労働安全衛生法」に盛り込まれたものであり、具体的には労働者の心理的な負担の程度を把握するための、医師、保健師等による検査（ストレスチェック）の実施を事業者に義務づける[★1]というものだ。

リスクマネジメントの視点から捉えると、メンタルヘルスについてアクションを起こすこと自体はリスクトリートメントとなる。だが、これを単に短期的なコストという点だけでみてしまうと、事業者には制度を実施するための費用、それに関わる社員などの実労働時間などにおいて負担が生じる。さらに、ストレスチェックの結果しだいでは、社員の交代や増員といったことも起こりかねない。そこを勘案して国は「従業員50人未満の企業については努力義務」としているが、これがいつか全事業所へ拡大していくことは、想像にかたくない。

また、今回の法改正では事業者に対するストレスチェックについての記載がない。つまり、労働者にとってはリスクの軽減効果が期待される一方で、事業者つまり経営する側のリスクが想定されておらず、事業者自身の健康リスクについては有効な対処がなされていないのである。

ストレスチェック制度が義務化された背景として、国は「精神障害の労災認定件数が3年連続で過去最高を更新するなど増加（平成21年度：34件→22年度：308件→23年度：325件→24年度：475件）したこと」をあげている。この数字は労災に認定された人数であるし、そもそも認定基準に厳密さをもたせることが難しい性質のものであり、妥当性については議論されるところかもしれない。だが、多くの人は数の増減にかかわらず、メンタルヘルスの問題は個人・家庭・地域・企業・行政・国家が連携して取り組むべきソーシャル・リスクマネジメントの最重要課題のひとつだということを感じているだろう。

これまでも企業は、メンタルヘルスに関するさまざまな施策を実施し、同時に学術的研究も蓄積してきた。だが、見落としてきた視点・対象がある。それは、「伝統的なリスクマネジメントの概念・枠組みを用いた研究がなされていないこと」と「経営者を対象としていないこと」である。そこで本ケースでは、これらに触れつつ、日本の事例として尾久裕紀

★1―うつなどのメンタルヘルス不全を未然に防止することを目的として、労働者のストレスの状況について選択回答式の質問票による検査を定期的に行う。労働者には検査結果を通知し、自身のストレスについて気づきと対処を促すとともに、検査結果を集団的に分析することによって職場環境全体の改善をも図る。

の「リスクマネジメントとしてのメンタルヘルス」（『危険と管理』第41号、日本リスクマネジメント学会）、フランスの事例としてオリビエ・トレスの論文「souffrance patronale（経営者の苦しみ）」[★2]についてそれぞれ取り上げたい。

2 メンタルヘルスを伝統的リスクマネジメント理論で考える

伝統的リスクマネジメント理論からメンタルヘルスの問題を捉えると、メンタルヘルス不全を引き起こすハザードとしては次のようなものがあげられる。

> **①個人の要因**
> **②緩和要因（家庭や職場における良好な人間関係）の少なさ**
> **③職場の一般的ストレス**
> **④過重なストレス（ハラスメント、長時間労働、過酷なノルマ）**

④は安全配慮義務違反であり、労働安全衛生に関わるコンプライアンス体制の不備といえる。やがて事故[★3]（ペリル）が起こり、さらに損失（ロス）が生じる。

■事故（ペリル）
・賠償責任の負担
・組織内での反社会的行動
・生産性の低下
・医療費負担
■損失（ロス）
・賠償金の支払いによる損失
・コスト負担による損失（治療費、傷病手当金、欠員補充）
・イメージ低下

経営リスクとしてのメンタルヘルス不全については、事後的対処が主である。しかし、リスクマネジメントの観点では、事前の予防を主眼に置くべきであり、先にあげた①～④のハザードを回避または対応しながら最悪の事態に陥らないようにする、つまりはリスクトリートメントを行うことが大切である。

★2―フランス『ル・モンド』２００９年1月16日付の論壇にて掲載の論考。
★3―現代リスクマネジメントでは、事故（ペリル）ではなく事象（イベント）という言葉を用いる。

3 中小企業経営者の健康問題

中小企業とは、中小企業基本法第2条では、従業員数または資本金が、製造業、建設業、運輸業その他の業種で300人以下または3億円以下、卸売業で100人以下または1億円以下、サービス業で100人以下・5000万円以下、小売業で50人以下・5000万円以下に相当する企業を指す。中小企業において従業員が健やかに労働できるように配慮されていることはいうまでもないが、他方、経営者については原則的に自己管理が求められる。実際に過去の調査や資料を検索しても数は少なく、研究対象としても経営者は除外されてきたことがわかる。しかしながら、現実的には多くの中小企業経営者が従業員よりも長時間仕事に従事し、悩みを抱えながら仕事と向き合っている。

中小企業経営者の健康リスクについては、日本と同じく全企業の9割以上が中小規模であるフランスにおいて、二十数年間にわたって研究を続けるオリビエ・トレス（モンペリエ大学経営学部）が詳しい。トレスはAMAROKという中小企業経営者の健康をリサーチする団体の代表を務めており、それらのデータや記事をメディアなどに情報発信している。ここでは2014年11月に京都で開催された講演会の内容[★4]をピックアップしながら、論述していきたい。

中小企業経営者は、常に次の2つの要因に直面しているといえる。

①**病気を引き起こす要因**（pathogene《パトジェーヌ》）＝ストレス、不安、過重労働、孤立

②**健康になる要因**（salutogene《サリュトジェーヌ》）＝自分の運命を自分でコントロールできる環境、耐久力、楽観的思考、仕事に対する情熱《パッション》、やりがい

健康の維持には、両者のバランスが深く関わっているのだが、これは天秤《てんびん》をイメージすると理解しやすい［図4-2（→p.146）］。左右の皿にそれぞれ①②があり、良い方に振れれば健康が増進するという考え方だ。病気を予防するとなれば、一般的には①を取り除くことをまず考える。しかしながら、天秤で考えるならば②を増やすことでも健康増進につながる。現に日本の中小企業においても、経営者は心身ともに疲弊しやすい状況がある。しかしながら、②の要因が①に勝れば自分自身で健康を増進させることができる。多くの場合、大きな裁量権をもつ中小企業の経営者においては、②が①を上回ることは十分に可能である。しか

★4―公開シンポジウム「中小企業・老舗経営者の健康とリスクマネジメント」２０１１年11月14日、京都市国際交流会館（亀井克之『新たなリスクと中小企業―日仏シンポジウムの記録』関西大学出版部、２０１６年に採録）。

し、過重労働による健康障害を防ぐための管理体制や、孤独を感じやすい環境にある経営者のための外部機関などによる支援が必要となることはいうまでもない。

フランスではAMAROKが中小企業経営者にアンケート調査を実施しており、「経営者にとっての最大のストレス要因」は倒産の恐れであることがわかった。これはフランス政府も認知しており、昨年には商業裁判所に元企業経営者を対象にした支援室が設けられた。また、トレスはAMAROKとしてフランス全土で300回にわたる講演会を開き、この会に100～200人の中小企業経営者が参加している。またバーンアウト（燃え尽き症候群）をみつけるといった精神衛生の管理方法、睡眠の質の測り方、ストレスを感じる要因や満足を得る要因などについて学ぶトレーニングも行っている。

日本においても経営者の健康について、一般財団法人あんしん財団を中心に調査を進めている。[★5] この調査

図 4-2 ★中小企業経営者の健康天秤図

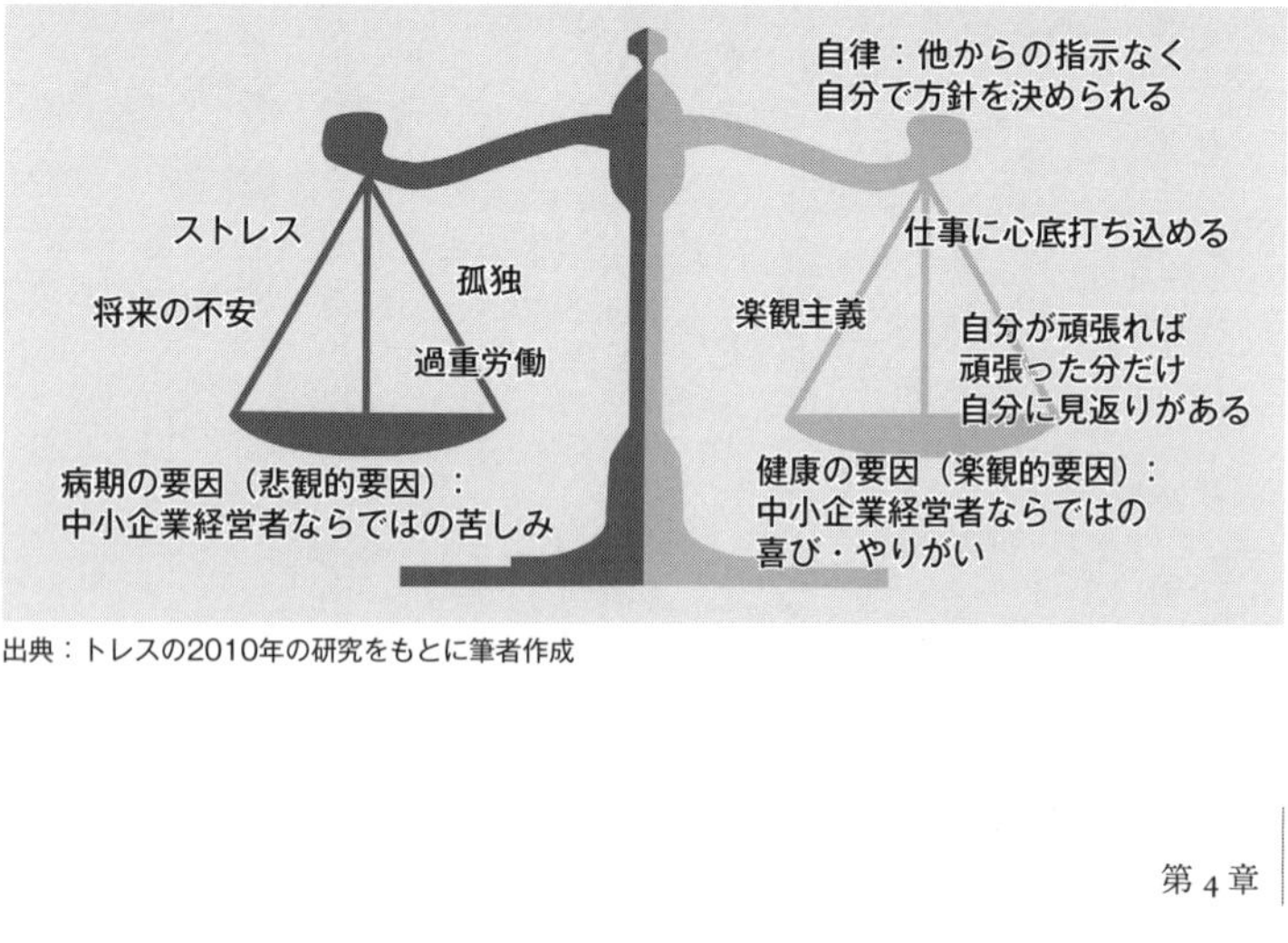

出典：トレスの2010年の研究をもとに筆者作成

では2か月に1回のペースで電話によるヒアリング調査を行う。①起業家精神、②睡眠、③ワークライフバランス、④食事、⑤ストレス、⑥運動について経営者300人の現況を把握し、得られたデータを専門家が検証し、心身の健康についての啓蒙につなげていくことになっている。

経営学となればモノ（資産）やカネ（資金）に関する事柄を対象としがちであり、大企業か主要産業を支える中小企業のみをフォーカスすることが多い。しかし、日本で事業活動を行う企業の9割以上が中小企業ということを鑑みれば、多くの中小企業において要《かなめ》たる経営者のココロ（人間関係や健康、心理）にクローズアップした研究がさらに必要となってくることはいうまでもない。先述の調査実施もそうした想いからのものであるが、調査によって得た結果を踏まえ、中小企業にとって要である経営者の健康をどう守っていくかについて、多方面の専門家が知恵を出し合い、健康におけるリスクマネジメントを進展させていくことが期待される。

★5—大妻女子大学、一般財団法人あんしん財団「AMAROK経営者健康あんしんアクション」（代表　尾久裕紀）。

Case Study

❶自身が経営者として、メンタルヘルス不全リスクを回避するための方法を考えてみよう。

❷図4－2を参考に、「健康の天秤」を、健康が増進するように振れるような具体策を考えてみよう。

大地震の発生と企業のリスクマネジメント

Chapter 第5章

キーワード

災害リスク
ハザード
BCP

――――はじめに――――

日本は世界有数の自然災害大国である。とりわけ地震は脅威であり、各時代を通じてたびたび大きな被害がもたらされてきた。近年は「百年に一度」と呼ばれる大地震が相次いで発生しており、近い将来に南海トラフ巨大地震や首都直下地震が生じる危惧もある。そうしたなかで、企業にとってリスクマネジメントが事業継続のカギとなることは間違いない。

本章では「阪神・淡路、東日本大震災の発生とリスク対応」(ケース11)として、震災の前後におけるいくつかの企業の動きを紹介する。さらに、東日本大震災をひとつの教訓として取り組んだ企業による「熊本地震と企業のＢＣＰ対応」(ケース12)について取り上げよう。

ケース 11

阪神・淡路、東日本大震災の発生とリスク対応

- 都市直下型地震だった阪神大震災の発生を機に、多くの企業が対策をとるようになった。
- しかしながら東日本大震災は想定外の被害となり、対策を生かせない企業もあった。
- 被災した後に、トップがどうリーダーシップをとるかが後のリスクマネジメントに影響する。

1 地震大国日本における災害リスク

日本は国土に多くの火山を有し、世界でも地震大国として知られるところである。それでも、建物が倒壊し甚大《じんだい》な被害を生じさせる、いわゆる「大震災」は百年に一度起こる程度の確率であるというのが一般的な常識だった。だが、偶然なのか近年では１９９５年に阪神・淡路大震災（以下、阪神大震災）、２００４年に新潟県中越地震、２０１１年に東日本大震災が次々に起こった。これにより社会全体に災害・事故などのリスクが広く認識されるようになった。この新たなリスク認識に即応して、企業経営も大きく変化している。本ケースではこれらの変化を確認したうえで、代表的な企業の動きをピックアップする。

2 阪神・淡路、東日本大震災が企業経営に及ぼした影響

まず、阪神大震災、東日本大震災について、それぞれの概要を左記にまとめた。

〈**阪神大震災**〉
発生：1995年1月17日
規模：マグニチュード7・3
最大震度：7
被害：死者6434名、行方不明者3名、負傷者4万3792名、
住家の全壊10万4906棟、同半壊14万4274棟、
同一部損壊39万506棟
推定被害金額：約10兆円

〈**東日本大震災**〉
発生：2011年3月11日
規模：マグニチュード9・0（観測史上最大）
最大震度：7
被害：死者1万5893名、行方不明者2553名、負傷者6152名、
住家の全壊12万9391棟、同半壊26万5096棟、
同一部損壊74万3298棟
推定被害金額：約16～25兆円

阪神大震災は、東日本大震災よりも被害が生じた範囲が狭かったものの、人口が密集する都市に直接的な被害を与えたことから、所在する企業には大きな影響を与えた。例をあげれば、神戸などに本社や生産拠点を置く企業の機能不全、靴に代表される地場産業の縮小、住民の移動に伴う商店の激減、観光客の減少に伴う旅館業の倒産などである。これを教訓として防災意識が高まったことはもちろん、社員の安全、事業活動の継続について検討をはじめる企業も少なくなかった。とはいえ、直接的な被害を受けた地域を除けば、企業が大きなコストを投じて防災対策を講じることは現実的ではなかったかもしれない。

対して、東日本大震災はどうか。こちらは地震発生直後に大津波が発生したことで、地域によっては壊滅的な被害を受けた。また、被災地も広範囲にわたった。さらに、大震災から6年を経た今日においても余震がつづき、今後も南海トラフ巨大地震が高い確率で起こるという予測まである。こうしたこともあって、企業は防災に関して大きな転換期を迎えているといえる。

東日本大震災での経験をリスクマネジメントの基本的な枠組みに当てはめて考えてみれば、リスクの特定やリスクアセスメントの基盤となる災害・事故リスクが従前の予想をはるかに上回っており、必然的にリスク対応は十分ではなかったといえる。この震災で企業が直面した主なハザードは次の通りである。

企業が直面した主なハザード

①従業員の安否確認が困難
②帰宅困難者が大量に発生
③原発事故に伴う避難指示、屋内退避指示
④被災地の産品に対する風評被害
⑤計画停電による生産制限
⑥電力の使用制限、燃料や資材の不足
⑦サプライチェーン[★1]の寸断

こうしたハザードに直面した企業、またハザードが事業に影響した企業のなかでリスクマネジメントへの具体的なアクションを起こした企業を以下に紹介したい。

★1―ある製品やサービスについて、はじめの原料の段階から、それが最終消費者の手に届くまでの複合的なプロセスの全体。

3 カルロス・ゴーンによる日産のリスクマネジメント体制

日産自動車は、1999年に深刻な経営危機に直面したが、ルノーの出身であるカルロス・ゴーン（以下、ゴーン）の手腕によりV字回復を遂げた（→第1章）。東日本大震災においても、発生以前からリスクマネジメント体制を整備し、有事に備えてシミュレーションを行っていたことから、自動車メーカーのなかでは最も迅速に復旧。同年の9月末にはフル生産をするまでになった。

同社では業績の回復後に、持続性のある成長を可能とする取り組みを実施した。そのひとつが、地震を想定したリスクマネジメント体制の整備である。地震を最もクリティカル（危機的）なリスクとして、2003年に「地震対策計画」を策定し、経営会議で了承を得た。内容としてはハード面の対策とともに、全社対策本部組織の構築、サプライヤーとの連携を盛り込んだ。2007年には全社的リスクマネジメントのプロセスを構築。リスク情報の開示では、2009年に有価証券報告書において、事業などのリスクの記述を全面的に改定。翌年のCSRレポートでも、リスクマネジメント活動の情報開示を強化した。

2007年には新潟県中越沖地震が発生するが、これを機に同社は全社対策本部をより機動的な体制とするよう、ＣＯＯを本部長とすること、初動チームで情報収集にあたること、本部立ち上げをシミュレーションした訓練を実施するなどの内容を追加した。訓練では本部長以下の主要役員も参加し、震災発生当日・翌日の動きを疑似体験、生産部門では先の震災における復旧支援実施の体験（次節にあげたリケン柏崎事業所）をマニュアルに反映した。さらにはグループ内の重要工程を洗い出し、事業継続計画（ＢＣＰ）★2の作成を行った。サプライチェーンについては、調査のうえで改善を支援した。

２０１１年3月11日に発生した東日本大震災では、広域が同時被災した。部品の調達は滞り、インフラは寸断され、事業活動を停止せざるを得ない状態となった。同社の場合、同月11日にいわき工場と栃木工場が、同月15日の関連地震で子会社のジャトコ富士がそれぞれ被害を受けた。新車在庫の２５００台は全損。販売会社の被災店舗数は４３６を数え、５店舗は津波で全損した［図5-1（→p.158）］。

最も大きな被害は、高級車向けV型エンジンを生産していたいわき工場だった。同工場は、地盤沈下による床の損傷、エアダクトの倒壊、製造途上のエンジン落下、ライフライン途絶などの被害を受け、操業を停止しなければならなかった。幸いにして地震発生時は作業員が

★2―災害やテロなどの緊急事態が生じた際、企業が損害を最小限に抑え、事業の継続あるいは早期復旧を実現するために、その方策や手段について、平常時からあらかじめ取り決めておく計画のこと。Business Continuity Planの頭文字をとって、ＢＣＰと略される。

製造現場を離れており、勤務中の人的被害はなかった。

　同社では地震発生の少し前である2月21日にシミュレーション訓練を実施していたことから、震災直後も素早く災害対策本部を立ち上げることができた。安否確認システムや携帯電話は使えなかったが、1日で安否確認をほぼ完了。地域社会への貢献として、帰宅困難者の受け入れも行った。以後、間接部門は在宅勤務にシフトし、工場は復旧要員のみが出勤した。

　トップの動きも実に迅速だった。まだ混乱の渦中にあった3月29日に、ゴーンはいわき工場を視察。現場の従業員を激励するとともに、現場実態の確認と意見交換を行い、対策へ反映させていった。また、産業医によるカウンセリング、放射能の影響に関するレクチャーなども実施した。さらに余震による停電を想定した夜間の避難訓練も行った。また、1年後の2012年3月26日にも視察を行った［図5-2（→p.159）］。

　ゴーンの企業危機管理の特徴は、現場の重視、経営

図 5-1 ★日産の主な国内生産拠点と被害

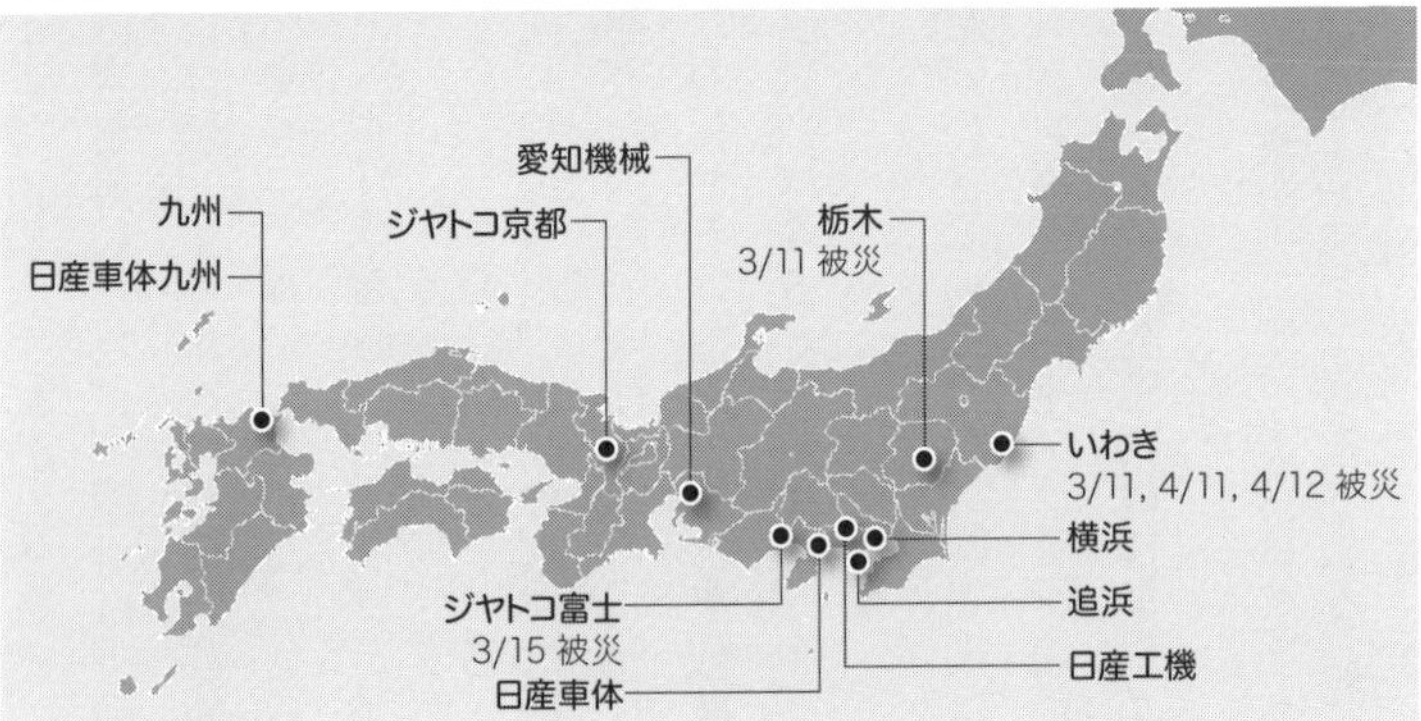

トップとして優先順位をつけ対策を決断するリーダーシップ、そして、クロス・ファンクショナル（部門を横断的に）とクロス・リージョナル（地域を横断的に）で問題解決策を立案・実行する点にあった。クロス・ファンクショナルについては、部品ごとではなく、開発・生産・購買に分かれて連携することで迅速な対策を講じた。また、クロス・リージョナルについては、世界中の海外子会社がひとつの「グローバル日産チーム」として業務に取り組み、部品出荷などの調整を図っていった。こうした対処の有効性は、大きな被害を受け、かつ余震により復旧作業のやり直しがあったにもかかわらず、5月17日の時点で全面復旧を果たした事実でも明らかである。

今後の企業リスクマネジメントのキーワードは、地域社会をはじめとするステークホルダーとの**連携**である。この重要性を企業関係者に強く認識させたことが、企業経営の分野における東日本大震災の大きな教訓の

図 5-2 ★視察するカルロス・ゴーン社長

資料：日産自動車提供

ひとつであろう。

4 ジャスト・イン・タイム方式を揺るがした「災害」

トヨタでは1970年代に、不要な在庫をもたず、必要な部品が必要なときに届く「ジャスト・イン・タイム」方式[★3]の生産を導入してきた。これは国際的競争力が高まる自動車産業において有効な方法論とされてきたが、阪神大震災を皮切りに弱点が露呈され、以後も災害が起こるたびにその是非が問われる事態となっている。

阪神大震災では、バネ用鋼材を供給する神戸製鋼所、ブレーキシステム大手の住友電気工業が相次ぎ被災し、自動車メーカー9社で4万台の減産となった。これを教訓として自動車メーカーは、ひとつの部品を複数メーカーに発注するようになった。とりわけ火災リスクのある燃えやすい性質の部品について、この対応が急がれた。火災は工場で起こることが多く、一度発生すると操業停止に陥りやすいためである。

そんな矢先、アイシン精機の刈谷第一工場が火災に見舞われ、全焼する事態となった。同工場はブレーキに関連するプロポーショニングバルブ（PV）を生産しており、とくにトヨタは9割以上が同工場からの供給であった。この影響から、トヨタは7万台にのぼる減産となったのである。先の通り、自動車メーカーは阪神大震災を教訓として、複数メーカーへの部品発注を行っていた。だが、火災リスクが低い鋳物部品への対応は遅れていたのである。

火災は1997年2月1日に発生したが、それから1週間もたたない同月7日に、トヨタは自動車生産を再開させた。これはアイシン精機以外がPVの代替生産を行うことができたからである。トヨタは関連メーカーにとどまらず、取引実績が少ない部品メーカー、部品自体の生産を行っていない産機メーカーまで広く協力を要請したのだ。こうした日本企業の技術力には目をみはるものがある。しかしながら、阪神大震災とこのケースにより、ジャスト・イン・タイム方式のデメリットが見せつけられる結果となった。以降、自動車メーカー各社はサプライチェーンの見直しを進め、部品生産や原材料などの調達先を複数社へ分散させるようにしていった。

また2007年の新潟県中越沖地震では、リケン柏崎事業所が被災。同事業所はピストンリングで5割、シールリングで7割の国内シェアがあったことから、国内の自動車メーカー全12社が生産休止に陥った。このときは、ふだんはライバル関係にある自動車メーカー各社が社員を現地へ派遣し、協力して復旧作業を行った。派遣された人数は650人にのぼったという。こうしたサプライヤーへの対応も災害を契機にしたものであり、各社が「いかに早

★3—トヨタ生産方式のキーコンセプト。「必要な部品が、必要なときに、必要な分だけ届けられて生産する」という方針で、無在庫生産を実現した。JITと略記されることもある。

く生産を再開させられるか」を考えて一致した行動といえるだろう。

5 3・11で浮き彫りとなったリスクマネジメント上の課題と教訓

東日本大震災で浮き彫りとなった課題

これまでの事例では阪神大震災、東日本大震災をそれぞれ経験したことで、リスクマネジメントにおける進化をみることができたといえる。ただ、東日本大震災で浮き彫りとなった新たな課題もある。それらについてここでまとめておきたい。

まずは震災に対するＢＣＰの見直しである。多くの企業ではＢＣＰという言葉を認知し、体制やマニュアルづくりをしていた。だが、実際に災害が起こり、初めて運用したのが東日本大震災ならば、どうしても課題点は生じるだろう。

日産自動車でも「初動対応」「備蓄」「訓練」「建物の耐震対応」「サプライチェーン」に関して見直しを行った。初動対応については、携帯メールを使った安否確認システムが機能せず、現在はＷｅｂアクセス方式へと変更。その実効性を確保するために訓練を強化した。また、ほかの通信手段についても習熟訓練を徹底した。従来の避難計画には津波のリスクを考慮していなかったため、最新の津波予測で被害をシミュレーションし、想定した時間内で避難完了できるよう計画を立て、訓練で確認した。

備蓄については、横浜の本社ビルが屋内避難場所になるため、全従業員はもとより、周辺地域や顧客層もカバーできる数量の備蓄が必要となる。これらの量を確保しつつ、配置についてもエレベーターが利用できない事態に備え、フロアごとにも保管できるようにした。

訓練は毎年1回の実施が前提だが、実施も平日の勤務時間内だけでなく、休日の参集訓練も敢行している。内容についても、南海トラフ巨大地震や首都直下地震などの最新の想定に対応し、年度ごとに見直しを行うようにした、また、各職能部門での訓練の実施、さらなる見直しを行うようになった。

建物の耐震対応について従来はバリューチェーンの上流である生産工場などの耐震化を優先してきたが、今後は販売店なども対象にする。また、より確かな耐震化と迅速に復旧するために、地盤の基礎工事を強化するとともに、天井やダクト、配管といった二次部材の対策も実施していく。

サプライチェーンにおいては生産効率を重視して体制を構築してきたが、災害時に備えて部品供給ルートを複数にし、サプライヤーの現況を把握できるデータベースを構築する。ここには海外からの情報までも拡張できるようにしていく考えだ。こうした取り組みは災害時のみならず、コンプライアンスやCSRに関わる事態に備えたリスクマネジメントにもなる。

もう一点、重要視するべきことはグローバル連携による体制構築である。日産自動車では、ルノーとのグローバル・アライアンスを通じて、東日本大震災でも世界に広がる拠点から支援を受けた。その後も連携を維持し、BCPに対応した体制を築いている。たとえば神奈川県座間市にあるグローバル車両生産技術センターでは、世界で生産するすべての日産車について、部品金型の設計図をデジタル化して保管。いわき工場の操業が停止した時、データを米国工場に送って、即座に日本向けエンジン部品の代替生産を開始した。

東日本大震災が企業リスクマネジメントに与えた教訓

当時、東日本大震災が企業リスクマネジメントに与えた教訓として、企業活力研究所が示したのは、以下の通りである。★4

①徹底したリスクの想定に基づくハード面でのリスクコントロールとしての「強い工場づくり」
②ソフト面でのリスクコントロールとしての「平時からの防災訓練やシミュレーションの徹底」
③「地域社会や業界団体との協力関係の構築」
④リスクの想定・対応に関する「顧客とのリスクコミュニケーションの強化」
⑤「サプライチェーンの強靭《きょうじん》化」

a　サプライヤーの層別管理の徹底
b　部品・材料の特性ごとにマルチソース化や代替生産を推進
c　サプライヤーとのリスクコミュニケーションの強化
⑥「ものづくり競争力への考慮」
a　海外生産拠点の活用
b　共通化・標準化の推進・汎用品とカスタム品（特別仕様品）の戦略的使い分け

今後のキーワードとしては、地域社会をはじめとしたステークホルダーとの「連携」である。この重要性を企業関係者に強く認識させたことが、企業経営の分野における東日本大震災の大きな教訓のひとつであろう。

最後に、サプライチェーンについて、新宅純二郎（東京大学准教授）の記事[★5]をもとに、もう少し言及したい。先述の通り、各社は阪神大震災を経てジャスト・イン・タイム方式のデメリットを痛感し、サプライヤーを複数社にしていった。そして、新潟県中越沖地震によって、

★4―財団法人企業活力研究所「東日本大震災を踏まえた企業の事業継続の実効性向上に関する調査研究報告書―グローバルな競争環境下におけるリスク対応力の向上とものづくり競争力の確保を目指して」2013年。
★5―『日本経済新聞』2016年5月26日付朝刊「複雑化する国際供給網」、2011年6月21日朝刊「サプライチェーン再構築の道（上）」。

協力してサプライヤーを復旧させた。その後東日本大震災が発生したが、これまでの教訓を生かしてサプライチェーンを見直していたものの、結果的には自動車メーカー各社の国内工場、一部メーカーの海外工場、米ゼネラルモーターズの海外工場も深刻な影響を受けた。

これはサプライチェーンの深層で起こった問題が背景にある。自動車メーカーはコストをある程度犠牲にしても、複数社への発注に取り組んできた。しかし、1次や2次のサプライヤーで複数社から購買していても、実は5次、6次サプライヤーが同じ会社だったということが起こった。このことを新宅はダイヤモンド構造と呼んだ。また、海外生産で部品を現地調達していても、その部材は日本から輸出しているということもあったのだ。

サプライチェーンの長期化・複雑化が進んでいる状況下ではあるが、こうしたダイヤモンド構造になってしまえばリスク分散にはならず、万一の時に生産を継続することはできない。これを東日本大震災で学んだ各社は、深層のサプライチェーンまで現況を把握できる体制の構築を進めている。これは次ケースに関わる内容となるが、熊本地震ではトヨタが「RESCUE」というデータベースを構築し、深層のサプライチェーンを把握し、復旧を支援した。新宅も結論づけているが、サプライチェーン全体のみえる化、代替生産と復旧支援の体制構築が、今後自動車メーカー各社に求められるBCPへの対応となるだろう。

6 TEDxTohokuにみるリーダーたちの群像

東日本大震災の発生後には、「地震はくり返すものであり、過去から学ぶもの」との認識が広がった。リスクマネジメントの視点からも、過去の状況からリスクの特定、リスクアセスメントを行うことが大事であるが、さらに加えるならば、復興へのシナリオを検証することもリスクマネジメントにとって欠かせないポイントといえる。ここでは、東北大学工学部に在籍する学生が立ち上げた「TEDxTohoku」を紹介しておきたい。

TED（Technology Entertainment Design）とは、アメリカのプレゼンテーションイベントである。近年では動画サイトで視聴する人が増え、世界に知られる存在となっている。これを被災地の東北で行い、震災を乗り越えていく過程での学びや気づき、東北らしいアイデアやストーリーを発信しようとの考えから、スピーチイベントを開催したのである。当日は被災地で活躍する各分野の代表が登壇。ここでは2011年に講演した3人を紹介する。

①オイカワデニム代表取締役（当時）及川秀子

海外で生産された低価格ジーンズが市場を席巻するなか、オイカワデニムはメイド・イン・ジャパンの確かな技術力で世界的に高い評価を得ている。２００６年には、世界初となるデニムと麻糸を掛け合わせた生地を使い、独自ブランドを立ち上げた。

同社は気仙沼市にあったものの、工場は高台へ移転していたため難を逃れた。ただ、及川や従業員の自宅、工場以外の施設は津波に流された。ここで及川は高台の工場を避難場所として提供すると共に、震災から1か月後には非常用電源を用いて操業を再開した。

象徴的だったのは震災から40日後に山林で発見されたジーンズ。これは津波で流された倉庫に保管していたものだったが、発見時はほつれひとつない状態だったという。「デニム製品は破れたら繕《つくろ》えばいい。泥がつけば洗えばいい。一度失敗してくじけても、立ち上がり人生を歩み直せばいい。そのつど立ち上がればいい」という言葉に、場内には大きな共感が生まれた。

②石巻赤十字病院院長（当時）　飯沼一宇

石巻赤十字病院は、市内で唯一浸水を免れた病院である。震災後も避難所として使われ、多くの患者が手当てを受けた。浸水を免れた理由については「『想定以上のことが起こる』と想定していたからだ」という。

ハード面では建設時に、北上川の氾濫の歴史を調査し、土台部分は3メートルの盛り土を行った。免震構造によってゆれによる被害を防ぎ、地下室には支援物資の受け入れを想定してヤードを設置。待合室も治療スペースになる設計とした。ソフト面では、大規模災害に備え、研修・訓練を徹底したヘリコプターによる訓練も行った。

こうした備えにより、大震災が発生してからわずか4分後には、緊急対策本部を設置。医師を配置し、トリアージを行った。「これだけ準備をしていても、**想定外のことは起こる**」というが、準備をしていれば対応できるということを証明した。

③東北コットンプロジェクト　江良慶介

津波被害で稲作ができない農地でも、コットンを植えれば農業が再開できる。さらにできたコットンを販売すれば継続的なビジネスができ、消費者も支援活動の一環としてプロジェクトに参画できる。これが東北コットンプロジェクトである。

震災直後、アパレル産業ではチャリティーTシャツを販売し、被災地に寄付をする活動を行っていた。だが、ある段階から江良はこのやり方に限界を感じるようになった。継続的に、ビジネスを通じた支援をと考えるなか、このプロジェクトが生まれたという。

発表した時点（2011年10月）では、宮城県仙台市荒浜の1・2ヘクタールと名取市の0・4ヘクタールにコットンを植え、安定した農業雇用を確保した。さらにコットン自体だけでなく、ブランド商品を開発し販売する事業を創出している。

東北の学生たちが復興のために力を結集して企画した第 1 回 TEDxTohoku（2011 年 10 月 30 日東北大学川内萩ホール）

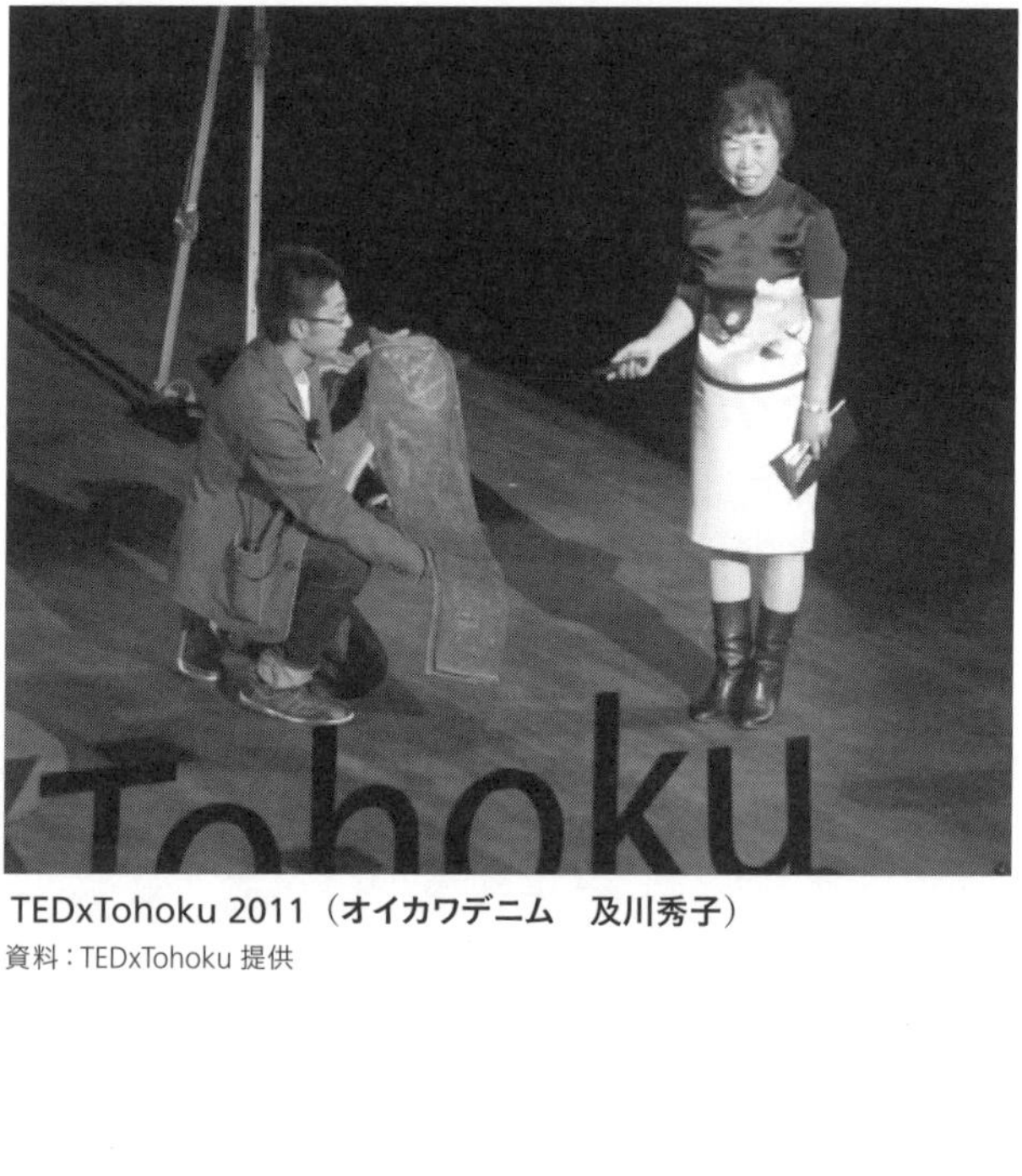

TEDxTohoku 2011（**オイカワデニム　及川秀子**）

資料：TEDxTohoku 提供

ケース 12

熊本地震と企業のBCP対応

ルネサスエレクトロニクス（日本）など

- 東日本大震災を機にＢＣＰを策定する企業が増加した。
- 熊本地震では、東日本大震災を教訓にＢＣＰ策定などの対策を講じた企業が、迅速に復旧した。
- ＢＣＰは企業ビジョンや経営戦略、地域における企業価値の向上にもつながる。

1　2016年に九州で発生した地震

東日本大震災は、本書執筆時（2017年）、つまり発生から6年以上がたった今でも、数日〜数週間の間隔で地震が発生している。そうしたなか、今度は九州地方で地震が発生した。熊本地震である。特徴としては、2016年4月14日の夜と16日に観測された震度7の地震に加え、2度にわたる震度6強の地震、3度にわたる震度6弱の地震が短期間のうちに起こったことだ。本来は頑強な建物もくり返し大きくゆれることは想定されておらず倒壊した。東日本大震災のような広範なゆれや津波は生じなかったが、熊本県北部と大分県を中心に大きな被害があった。

リスクマネジメントは、ハザードを乗り越えた後に検証を行い、想定できる次のハザードをみいだし、その対策を取ることで充実させることができる。熊本地震においても、東日本大震災を乗り越えたからこそ、被害を最小限に食い止めることができた企業があった。それを紹介していきたい。

震災を教訓に策定したBCPが奏功（ルネサスエレクトロニクス）

　半導体メーカーであるルネサスエレクトロニクスは、熊本地震で最大となった震度7のゆれからわずか1週間後に、生産再開を果たした。そもそも半導体は、10億分の1といわれるナノメートル単位で回路を描いて製造するもので、当然ながら地震には弱い。そのため東日本大震災では、那珂《なか》工場（茨城県）が被災し、約3か月間にわたって生産停止になるという苦い経験をした。

　そこで同社は、東日本大震災後にBCPを抜本的に見直した。地震のほか、津波や洪水、液状化、火山噴火といった、あらゆる災害リスクを洗い出し、

図 5-3 ★熊本地震と東日本大震災の比較

東日本大震災　那珂工場
クリーンルームが破損するなど
大きな被害が発生

熊本地震　川尻工場
クリーンルームの損傷はなく
被害はほぼ想定内

資料：ルネサスエレクトロニクス提供

被災しにくく、生産再開しやすい工場をめざしたという。ハード面では耐震補強などを強化し、ソフト面では顧客とのリスク情報（有事の際の供給影響や推奨在庫水準など）の共有を行っていた。また、一部メーカーに半導体の共通化を依頼し、過度な多品種少量生産も見直しを図った。さらに、取引先に対しても、「被災後24時間以内に被害状況を公表」「1週間以内に生産再開のめどをつける」といったことを規定としていた。

被災した川尻工場は熊本市内に立地していたが、製造装置に免震機能を搭載するなど、2013年中に震度6強の震度レベルへの耐震強化を完了していたことなどにより、生産設備への被害が軽減できたことは幸運だった〔図5-3（→p.173）〕。1回目の地震から8日後の22日からは順次装置を稼働させて、生産を再開。今後は2次業者や協力工場にも同社のBCPを共有していく考えがあるようだ。

工場が被災、今後のためにBCPの見直しと訓練を予定（ソニー）

ソニーは、熊本地震の震源から20キロという距離に熊本工場があった。ここはカメラ用の画像センサーを生産する主力拠点であり、従来から地震等の災害リスクを想定し、BCPを策定していた。だが、地震による影響は想定を上回り、工場建屋が損傷。場内に入れるようになったのは、2週間後のことだったという。その場内は、壁や天井が剥がれ、半導体のウエハーが散乱していた。

被害状況から、当初はフル稼働ができる状態に戻すのは、夏以降になるとの予測だった。だが、建屋の補強工事や取引先の支援により、実際は1か月前倒しをした7月末に、フル稼働の状態まで戻すことができた。そして、9月末には出荷が地震前の水準に戻った。

その後、10月に同社はこれまでの経緯をもとに、BCPの見直しを発表。災害リスクに直面した場合でも、2か月でフル稼働に戻せるような計画を策定していく。具体策としては、ウエハーの保管体制を見直して仕掛かり品の被害を食い止めるほか、復旧のためのチェック項目を整理して、早急に再開できるようにする。また、生産拠点の分散、流通在庫を増やすなどの対応も行うという。さらには災害を想定した訓練を実施することを定めた。

社内外の発電機車で九州電力よりも早く復旧（東京応化工業）

液晶ディスプレー用材料メーカーの東京応化工業は、阿蘇《あそ》工場が被災した。4つの生産棟は、生産に有機溶剤を使用する関係で、消防法の危険物製造所に該当することから、爆発に対してのリスクマネジメントとして天井を軽くつくる（衝撃を上に逃して、周囲への被害を最小限に食い止めるため）形となっていた。

立地する阿蘇地方は、震度7のゆれを観測した震源地から近く、その後の地震によっては震源となった地域でもある。だが、被害は天井などに一部生じた程度だった。これは危険物製造所として頑強な建屋に設計していたこと、東日本大震災を教訓としてタンクや配管などの取りつけを点検していたことが奏功した結果である。

被災後の早期復旧は同社にとってもやはり大きな課題であった。阿蘇地域は地震後に大規模な土砂崩れが発生し、送電線の鉄塔が損壊していた。同社は、各本部長による対策組織を設置して対応していたが、震度7の地震が起こった16日には操業のための電力を試算し、社内の他事業所にあった発電機車をかき集めた。また、温度管理などのためにさらなる電力が必要との判断から、九州の協力会社からも発電機車を借り受けた。そうして同社は、九州電力が地域内に給電をはじめた28日よりも3日早く復旧を果たした。

こうした対応は、東日本大震災の際に教訓を得たことが背景にある。同社は神奈川県に相《さ》模《がみ》事業所をもつが、震災後には計画停電が実施された。温度管理を重要とする工程が多い同社は、計画停電があると復旧までに1週間を要するため、電力が確保できる計画を策定していたのだ。この動きは、多くのマスコミ報道で取り上げられ、他企業のＢＣＰにも役立ったといえるだろう。

2　中小企業ＢＣＰの意義

ＢＣＰの策定は、企業のビジョンや経営戦略にも通じるところがある。さらに中小企業は、経営者がリーダーシップを発揮して、トップダウンでＢＣＰを導入・運用することもできるだろう。また、危機管理体制がしっかりした企業という点で、地域社会の評価を受け、企業価値が向上する。災害時にどう連携をとるかを地域社会、取引先、従業員とその家族と協議しておくことで、企業は信頼性を高めるということがある。地域の防災計画や災害対策に参画したり、防災訓練に参加・協力して、地域社会にどのような貢献ができるかを話し合っておいたりすることで、日常的な連帯感を生むことができるだろう。以下は、ＢＣＰ策定の５段階である。★1

ＢＣＰ策定の５段階

①優先して継続・復旧すべき中核事業と、それに関わる経営資源を特定する。
②緊急時における中核事業の目標復旧時間を定めておく。
③緊急時に提供できる事業のレベルについて取引先と予め協議しておく。
④事業拠点や生産設備、仕入品調達等の代替資源・代替策を用意しておく。
⑤従業員と緊急時の事業継続の方針や内容について共通認識を形成しておく。

★1——中小企業庁『中小企業ＢＣＰガイド』２００８年、４ページ。

Case Study

❶自社の所在地や自宅で地震、津波が起こった場合に、どのようなリスクがあるかをあげ、対策を考えてみよう。

❷今回取り上げた企業のほかに、東日本大震災後にリスクマネジメントの観点で体制を見直した企業をあげ、変化を検証してみよう。

情報管理に関するリスクマネジメント

第6章

Chapter

キーワード

リスクコントロール
個人情報保護法
情報セキュリティ
リスク感性

―――はじめに―――

ビジネスの世界でＩＴシステムが普及してから、すでに数十年が経過しているが、いまだに企業の情報漏えいやシステムエラーによる混乱といった出来事は日常的に発生しており、ニュース等では絶え間なく報道されている。原因について、ある程度リスクの特定や想定ができるものの、現実では何か問題が起こらなければその重要さに気づかないという企業姿勢がしばしばみられる。

本章では、情報セキュリティについて社会的問題となった「ベネッセコーポレーションにおける情報管理体制」（ケース 13）、「日本年金機構へのサイバー攻撃と対応の失敗」（ケース 14）について触れる。また、たびたび混乱を招いてきた「みずほフィナンシャルグループにおける２度の大規模システム障害」（ケース 15）についても、類する企業のリスク回避につながるよう、原因などの詳細をみていこう。

ケース 13

ベネッセコーポレーションにおける情報管理体制

ベネッセコーポレーション（日本）

- 個人情報を不正取得したのは他社の社員だが、リスクの温床をつくったのはベネッセコーポレーションともいえる。
- 子どもの個人情報という、厳重に管理すべきものを漏えいさせた責任は大きい。
- 事業や企業活動にとって不可欠なものであれば、コストがかかったとしても、情報セキュリティを強固にすることが肝要であったのではないか。

1 データベースからの個人情報漏えい事件

ベネッセコーポレーション★1（以下、ベネッセ）は、ベネッセホールディングスの子会社であり、主に教育・生活事業を展開している。同社を含むベネッセグループのルーツは、1955年に福武哲彦が創業した福武書店で、当初は生徒手帳や図書の出版事業に取り組んでいた。やがて69年になって、通信教育講座「進研ゼミ」をスタート。塾より安価な月額費用、利用する児童・生徒が興味を引くマンガなどを駆使したダイレクトメールを児童・生徒に直接郵送する手法で、多くの会員獲得に成功した。90年以降は、過去に獲得した会員の成長によるニーズの多角化を利用して事業の幅を広げていくが、その最中に創業者の哲彦が急逝。同氏の長男である總一郎が事業を承継した。★2 同社が創業60周年を目前に控えた2014年度の売上高は過去最高の4663億円に達し、営業利益は358億円となっていた。この期中である2014年に、同社データベースからの「個人情報漏えい事件」が発生した。

事件の詳細については、発覚後に設置した「個人情報漏えい事故調査委員会」（委員長・小林英明弁護士）の最終報告書が詳しい。★3 本ケースではこれに新聞報道も加えながら、同報告書を参考に事件を追っていきたい。

2 流出元は「グループ会社が業務委託していた会社の元社員」

事件発覚は２０１４年６月27日、顧客からの問い合わせが発端となった。６月下旬以降、競合のＩＴ事業者がダイレクトメールを郵送したことを機に、ベネッセに問い合わせがあった。事件報道によれば「同社顧客から問い合わせが急増していた」[★4]ようである。おそらく同社は、この日に問い合わせが殺到したことで事件を認識したのだろう。

その後は社内調査が進められ、同社が個人情報の漏えい元であることを確認する。７月７日には危機管理本部を設置し、９日に情報漏えいの事実を公表［図６-１（→p.184）］。さらなる調査で、同社管理のデータベースが社外へと不正に持ち出された可能性が高まったこと

★１―１９５５年に福武書店として始まる。以前は文芸関連の出版も行っていたが、１９９５年に現在の商号に変更してからは、教育、語学、生活、福祉関連の分野を中心に事業を行っている。

★２―ベネッセホールディングスホームページ「グループ沿革」http://www.benesse-hd.co.jp/ja/about/history.html

★３―ベネッセホールディングス「個人情報漏えい事故調査委員会による調査結果のお知らせ」http://blog.benesse.ne.jp/bh/ja/news/m/2014/09/25/docs/20140925.pdf

★４―『日本経済新聞』２０１４年７月９日付 http://www.nikkei.com/article/DGXNASDZ09082_Z00C14A7000000/

図 6-1 ★日本経済新聞社 2014 年7月 10 日付朝刊

ベネッセ 760万件情報漏洩

最大2070万件 社外関係者、関与か

ベネッセホールディングスは9日、傘下のベネッセコーポレーションから通信教育講座「進研ゼミ」などの顧客情報760万件が社外に漏洩したと発表した。詳細は現在調査しており、情報漏洩は最大2070万件に達する可能性がある。ベネッセからの被害相談を受け、警視庁は9日までに不正競争防止法違反容疑で捜査を始めた。（関連記事2面に）

漏洩した情報は進研ゼミを受講する子供や保護者の名前や住所、電話番号など。クレジットカード番号や銀行口座の情報の漏洩は確認されていない。経済産業省は週内にも、ベネッセに個人情報保護法に基づく報告を求める方針を固めた。

記者会見した原田泳幸会長兼社長は「個人情報が社外に流出して多大なご迷惑をかけ、深くおわび申しあげる」と謝罪した。専用電話を設け、顧客からの問い合わせへの対応を始めた。

ベネッセによると、4月時点で会員数365万人の進研ゼミや幼児向けの「こどもちゃれんじ」といった通信教育の利用者、「いぬのきもち」などの雑誌の購読者などを登録したデータベースから情報が流出した。インターネット経由での不正アクセスの痕跡は確認されておらず、原田社長は「持ち出したのは当社グループ社員ではない」と話し、社外の関係者が情報を漏らしたとの見方を示した。

ベネッセには6月26日から「ベネッセだけに登録していた個人情報で別の企業からダイレクトメールやセールス電話がきた」との問い合わせが急増した。専門企業に調査を委託し、7日の段階で自社のデータが漏れた可能性がきわめて高いとの結果が出たという。

原田社長は「情報が漏洩したのは私が社長に就任する以前のこと」と発言し、自身の処分については否定。問題解決後に前社長の福島保副会長と最高情報責任者を務める明田英治取締役が引責辞任すると説明した。

から、15日には刑事告訴に踏み切った。そして、告訴から2日後の17日になって、警視庁はベネッセホールディングスのグループ会社のシンフォーム（現在は解散）が業務を委託していた会社の元社員を不正競争防止法違反容疑で逮捕した。

元社員である被告は、シンフォームがデータベース内に保管していた顧客などの個人情報を、業務用ＰＣへ一旦保存し、さらにＵＳＢケーブルで自身のスマートフォンへと不正に転送した。そのうえで被告は、得られたデータを名簿業者3社へ売却し、自身で報酬を得ていたのだ。被告が漏えいさせた個人情報は延べ２億１６３９万人、重複分を除いても約４８５８万人分にのぼる。

事件は犯人逮捕により収束に向かったが、ベネッセの信頼失墜による影響は大きく、会員離れが顕著となった。会員数は２０１４年４月に３６５万人だったが、同年10月には３２５万人に減少。さらにダイレクトメールの発送を自粛したこともあり、最大の商機である新学期シーズンに獲得機会を損失。２０１５年４月時点の会員数は２７１万人まで落ち込んだ。事件をはさんだ1年間で、会員は94万人減った計算となる。★5

なお、被告には２０１６年３月29日に懲役3年6か月、罰金３００万円（求刑懲役5年、罰

★5—ビジネスジャーナル「ベネッセ、本当の危機 会員減少が止まらず深刻化 ライバルの草刈り場に」http://www.excite.co.jp/News/column_g/20150614/Bizjournal_mixi201506_post-3368.html

金300万円）の判決が言い渡されたが、★6 これに即日控訴し、2017年3月21日に控訴審判決が出て、一審より軽い懲役2年6か月、罰金300万円の実刑判決が言い渡された。

3 性善説に基づく対応の不備

先述の通り、事件を起こした犯人は「シンフォームが業務委託していた会社の元社員」であり、ベネッセとは無関係な人物だ。この点から、事件発生時は「ベネッセは被害者」とする報道もあった。だが、報告書を見る限りは、個人情報が社員の誰もが閲覧でき・悪用されかねない状態であった。ベネッセおよびシンフォームの過失は重大であり、決して被害者とはいえない。むしろ、被害を大きくした加害者なのだ。最悪のケースを想定すれば、生命にまで危機が及びかねない住所や氏名、連絡先がこれほど大規模に漏えいしたことは、許されるものではないだろう。

さて、今回の事件の報告書では、事件発生を防ぐことができなかったシステムの問題点を取り上げている。ベネッセが導入していたシステムは、①業務用PCからサーバへアクセスした際にはログが記録され、一定の通信量を超えた場合は「アラート」が各担当部門の部長へ送信される。また②データを外部メディアへ書き出す行為は禁止ないし制御する、というものだった。だが、①についてはアラートシステムが未設定のままになっており、②については一部のスマートフォン機種やメディアでは制御されない仕様になっていたという。いわゆる、リスクコントロールの不備である。

さらにデータベースにアクセスするには権限の承認が必要だが、一度承認を得たPCであれば、以後は自由にアクセスできる状態となり、つど承認という原則が形骸化していた。また個人情報は、万が一漏えいしても悪用されることのないように抽象化や属性化（関係者のみが判別できるよう特定の情報を記号や数字に置き換えること）を施して管理するのが一般的だが、それらも行っていなかったことが明らかとなった。

これらの問題点に共通するのは、性善説的に「悪用されるような事態を想定していなかった」ことである。個人情報を扱う側は、情報が漏えいしないよう細心の注意を払うのは当然であり、そのうえで考え得る限りのリスクを想定し、一つひとつに対処することがリスクマネジメントをするうえで肝要となる。

★6—『朝日新聞』2016年3月29日付 http://www.asahi.com/articles/ASJ3Y53LMJ3YUTIL02P.html

4 不明確な責任所在と情報に対する軽視

報告書ではシステムとともに、組織体制の問題点もあげている。情報漏えいを防ぐシステムを導入していたにもかかわらず、利便性を優先してそれを十分に機能させられなかったことについては、企業風土に問題があるといわざるを得ない。それは個人情報、なかんずく子どもの個人情報という最も厳重に管理しなければならない情報への軽視である。具体的には、下記の事柄が報告書にあげられている。

- 情報漏えいリスクを想定した対策は講じていたが、二重、三重の対策がなかった。
- 情報セキュリティに関するグループ全体の統括責任者が決まっておらず、また統括的に管理する部署もなかった。各組織間でも責任の所在が不明確であった。
- 組織再編を頻繁に行ったため、十分な引き継ぎがなされなかった。
- シンフォームは子会社という立場であり、グループ会社の意向に従って事業効率やスピードを重視せざるを得ない状況で、情報セキュリティの維持・向上に十分な役割を果たせなかった。

・役員間に存在した「情報セキュリティが高い」との思い込みが、万全な体制の構築を妨げた。

ちなみに筆者は、事件発生前に『リスクマネジメント総論　増補版』を発刊しており、同社を事例として取り上げた。内容は内部統制に関するもので、「内部統制適合的法務部門を従来の法務部門とは別に設置し、内部統制システムの構築・運用を行う体制としていた」ことを紹介していた。当時、同社ホームページには「損失の危険の管理に関する規程その他の体制」として、以下の記述があったが、今回の報告書との間には明らかな矛盾点がある。

損失の危険の管理に関する規程その他の体制★7

平常時のリスク対応については、各リスクの主管部門を決めて取り組むが、特に、個人情報については、CPO（Chief Privacy Officer）及び専任部門を設置して、全グループ横断的に取り組んでいる。2006年1月には当社においてPマークも取得している。また、情報セキュリティについてはCIO（Chief Information Officer）を置き、全グループにおける各事項の管理体制を構築する。

★7—亀井利明・亀井克之『リスクマネジメント総論　増補版』同文舘出版、2009年、237ページ（3）のみ抜粋。

このほか、報告書では、業務委託先および担当者に対する審査、個人情報を監視する方法にも言及している。これらの点に対処することはもちろん重要ではあるが、そもそも企業に個人情報を重視する風土があれば、自然に考えられたはずのことばかりである。事件を機に、企業全体の意識変革がなされることを期待したい。

5 一番重要なものを守るためのリスクマネジメントを

事業形態や規模にかかわらず、企業がリスクマネジメントを行うためにはシステム導入や体制構築など、多少の費用と手間が生じることだろう。経営者やリーダーが「リスクを考えはじめたら際限がなくなる」という意識でいるうちは、その企業にとってリスクマネジメントは単なる負担以上のものではないだろう。リスクが現実のものになって、彼らははじめてことの重大さに気づくのである。

ここで経営者やリーダーが考えるべきは、「企業にとっての財産を守る」という視点である。データベースに保管されていた個人情報こそが、ベネッセにとっての利益の宝庫、その最大の財産なのだった。ビジネスにおいても「情報」がものをいう時代である。個人情報をもつ企業には、それを十二分に活用し、優位にビジネス展開ができるポテンシャルがある。

だが、ベネッセはこの最大の財産を守ることを疎かにし、結果として信用失墜を招いてしまったのだ。企業のリスクマネジメントに関わる者は、こうした事例から多くを学び、同じ過ちをくり返さないよう努めなくてはならない。

なによりも今この瞬間にも被害にあった子どもたちの個人情報がどのように拡散し利用されているのかわからないのである。被害者の視点に立てば、５００円の図書券と短い謝罪の手紙で幕引きという問題ではないだろう。

Case Study

❶事件後、同社が情報セキュリティに関して見直しを図った施策について調べてみよう。

❷個人情報の保護について気をつけていることをまとめてみよう。

ケース 14

日本年金機構へのサイバー攻撃と対応の失敗

日本年金機構（日本）

- 高齢者にとって生活の糧となる年金に関する個人情報が流出。
- 発端は一人の職員による不用意な操作だった。
- ウイルス感染後の対処が後手後手になり、最終的には全国的な被害に。
- 作業者は基礎知識を身につけ、管理者はリスク感性を高めることが大事。

1 サイバー攻撃による個人情報流出問題

日本年金機構は、旧社会保険庁が主管していた年金事業の運営を行う特殊法人であり、2010年1月1日に創設された。旧社会保険庁による年金記録問題は記憶に新しいところであるが、解体され新生したはずの同機構では2013年に、時効が撤廃されたはずの年金を支払わないまま、事件発覚まで放置しつづけた「10億円未払い問題」が表面化。そのため、組織として旧態依然とした隠ぺい体質があることを危ぶむ声は根強い。そして、同問題がようやく収束した2015年に、今度はサイバー攻撃による個人情報流出問題を起こした。基礎的な情報セキュリティに対する知識の欠如により、その被害は甚大となった。

2 たった1台のウイルス感染で、125万件の個人情報が流出

事件の発端

サイバー攻撃は、2015年5月8日に送りつけられた、1通のメールから始まった。福

岡市内にある日本年金機構の九州ブロック本部にて、職員が使うPC1台がウイルス感染したのである。無料メールアドレス（Yahoo！メール）から個人宛に送られてきたメールには、ファイル添付ではなくオンラインストレージに保存されたファイルを開けるようにと、URLが本文に書かれていた。[★1] メールの件名が「厚生年金基金制度の見直しについて（試案）に対する意見」となっていたことから、職員は不審さを感じることなくファイルをダウンロードし、開封。この結果、PCがウイルス感染したのである［図6-2（→p.196）］。

同日にはNISC（内閣サイバーセキュリティセンター）が「不審な通信を検知」した。同機構がその連絡を受け、抜線（LANケーブルを抜き、インターネットを遮断すること）を行った。これは万が一のときにとる行動として間違いではない。ただ、抜線はウイルス感染したPC1台のみで、同じネットワーク上でつながっていた共有のファイルサーバ、そしてファイルサーバにつながる本部内のほかのPCはインターネットと接続された状態のままだった。本来はネットワーク上でつながるすべてのPCやサーバの感染を疑うべきであり、本部全体をインターネットから遮断すべきであったことはいうまでもない。

★1―YOMIURI ONLINE「年金機構流出―3度の判断ミスで流出拡大」http://www.yomiuri.co.jp/it/security/goshinjyutsu/20150605-OYT8T50305.html

図 6-2 ★日本経済新聞 2015 年6月2日付朝刊

年金情報125万件流出

番号・氏名・住所など
公的機関で最大規模

日本年金機構は1日、職員の端末がサイバー攻撃を受け、約125万件の年金情報が外部に流出したと発表した。いずれも加入者の基礎年金番号（3面きょうのことば）と氏名が含まれ、うち約5万2千件は生年月日や住所も流出した。国内の公的機関としては過去最大規模の情報流出。被害はさらに拡大する可能性もあり、国の情報管理のあり方に対する国民の不信が高まりそうだ。警視庁は不正アクセス禁止法違反容疑を視野に捜査する。（関連記事2、3、5面、社会面に）

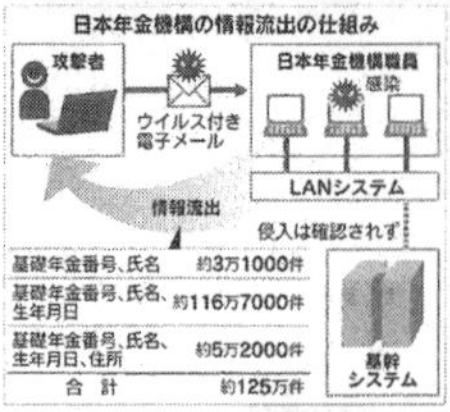

職員、ウイルスメール開封

機構は国からの委託で公的年金の保険料徴収や給付実務を担っている。今後、情報流出が確認された人の基礎年金番号を変更する。現時点では基幹システムである「社会保険オンラインシステム」への不正アクセスは確認されていない。

安倍晋三首相は「受給者のことを第一に考えて万全を期すよう塩崎恭久厚生労働相に指示した」と記者団に述べた。政府は関係府省庁でつくるサイバーセキュリティ対策推進会議を開き、情報の適正管理を指示した。社会保障と税の共通番号（マイナンバー）制度の導入を控え、政府は対策強化を迫られそうだ。

個人情報が流出し、記者会見する日本年金機構の水島理事長㊨（1日、厚労省）

▼日本年金機構　公的年金の保険料を国民から集めるほか、年金記録の管理や事業所への加入の呼びかけ、年金の支給をする特殊法人。約5000万件の年金記録漏れ問題で旧社会保険庁が廃止されたことを受け、後継組織として2010年に設立された。全国に312カ所の年金事務所を持つ。正規職員などが約1・5万人、有期雇用の職員が約1万人いる。

日本年金機構の専用電話窓口

フリーダイヤル 0120・818・211
- 受付時間は午前8時30分～午後9時（14日まで、平日休日とも）
- 15日以降の受付時間は日本年金機構のホームページで発表する

機構の水島藤一郎理事長は記者会見で「深くおわびする。誠に申し訳ない」と陳謝した。

機構によると、流出したのは年金記録を管理するため一人一人に割り当てられている基礎年金番号と氏名の計約125万件。このうち約116万7千件に生年月日、約5万2千件には住所と生年月日が含まれていた。番号は年金を受け取る権利の確認などに使われる。

学術機関の職員を装った電子メールに、セミナーの案内状と称したウイルス付きの文書ファイルが添付されており、これを開封した少なくとも2人の機構職員の端末が感染した。端末同士をつなぐLANシステム内のファイル共有サーバーに保管されていた基礎年金番号や氏名などの情報が、ファイルごと抜き取られたとみられる。

年金受給額などを管理する社会保険オンラインシステムとLANシステムはつながっていない。

職員の端末がウイルスに感染していることが分かったのは5月8日。18日までに別の職員の端末も感染していることが確認され、翌日に警視庁に相談した。同月28日、同庁からの連絡で情報流出が判明した。

警視庁は公的機関の情報を狙った「標的型メール」が送られたとみて、不正アクセス禁止法違反容疑などを視野に調べる方針。ただウイルスの発信元が海外の場合、接続経路をたどるのは容易ではなく、難しい捜査を迫られそうだ。

機構は情報が流出した加入者に個別に連絡し謝罪する。これらの人から年金に関わる手続きの申請があった場合は本人確認をした上で対応する。専用電話窓口も設けた。

国や公的機関などがサイバー攻撃を受け、情報流出などの被害に遭うケースは後を絶たない。農林水産省は12年1～4月に内部文書124点が流出した可能性があるとの調査結果を13年に明らかにした。環太平洋経済連携協定（TPP）交渉への参加をめぐる内部文書も含まれるとみられる。警視庁によると、09年以降、政府機関や防衛・重要インフラ関連企業など30以上がサイバー攻撃を受け、100台以上のパソコンでウイルス感染が確認された。

1週間後、さらに感染が拡大

1週間後の同月15日には「新種ウイルスは外部へ情報を漏えいするタイプではない」との結果が専門業者からもたらされたが、翌週の18日には99通に及ぶ不審メールが個人アドレス宛に送りつけられる。★2 ここで少しばかり情報セキュリティに詳しい担当者がいれば、職員PCからなんらかの情報が漏れていることを察知できただろう。さらに運悪く、ここで不審メールを送りつけられた職員の数名が、誤って感染メールを開封し、添付ファイルを起動させてしまった。これで感染PCは31台に増えたのである。

同機構による「不正アクセスによる情報流出事案に関する調査結果報告」によると、個人情報は基幹サーバにて保管し、必要に応じて基幹サーバの情報をコピーし共有のファイルサーバにて保管・作業をするようにしていた。ここで感染したPCは、共有のファイルサーバへアクセス権があることを利用し、情報を外部へ流出させたのである。★3

★2―ITPro「『年金機構の態度は論外』、年金情報流出問題に3つの調査報告書が出そろう」http://itpro.nikkeibp.co.jp/atcl/column/14/346926/082400321/

★3―日本年金機構「不正アクセスによる情報流出事案に関する調査結果報告」https://www.nenkin.go.jp/files/kuUK4cuR6MEN2.pdf

3 個人レベルで済まない「情報セキュリティの知識不足」

どの時点を始点とするかで変わるところもあるが、ビジネスの世界でパソコンやインターネットを使うようになって少なくとも20年は経過している。にもかかわらず、いまだに年齢や自分の得手不得手を理由にして、基本的な情報セキュリティを学ぼうとしない人がいる。もちろん学びについては自由があると思うのだが、少なくとも日常的に個人情報と接する作業者にとっては、この種の学習は必須であろう。今回の事件でも、不用意にファイルを起動させたことで感染しているが、基本的な知識があれば開封する前にウイルススキャンをかけるだろうし、万が一の感染時にも抜線したうえでファイルサーバもウイルスチェックをしていれば、被害は最小限で食い止められたことと推測できる。

ＩＴジャーナリストの三上洋は記事のなかで「職員の教育を行い、標的型メールを間違って開かないように訓練することは欠かせない。しかしながらゼロにするのは無理だと考えて、『標的型メールを開いてしまったらどうする？（上司への報告、インターネットからの遮断）』『ウイルス感染したらどうする？（ネットワーク全体の停止、インターネット遮断、専門家への相談）』といった事後の処理が大切だと考える。標的型メール対策ソフトの導入も一案だ[★4]」としているが、まさにこの通りで、個人情報と直接接触するような作業者は、個人レベルで学習を促すにとどめず、組織として責任を持って知識が習得できるように取り組むべきである。

4 リスク感性を高めるためにも特定・想定を

公的機関における情報セキュリティの立ち後れ

民間と比較すると、日本のいわゆる公的な機関における情報セキュリティの立ち後れ感、脆弱さは依然として否みがたい。このことの背景には当事者意識の低さ、上位役職者の情報リテラシーに対する認識の低さ、予算配分の少なさなど複合的な要素があることが察せられるが、扱っている情報の性質を考えれば、いつまでも過去のイメージそのままに悪い状態を継続させていてはならないだろう。

さて、情報セキュリティに関してリスクマネジメントを行うには、リスクを特定し、分析・評価するリスクアセスメントが重要といえる。自然災害や事故といったものは、関わるすべての立場の人間が関わることでその質を向上させることができるが、こと情報セキュリ

★4——★1と同じ。

ティに関しては専門的な見地と実作業の細かな手法・フローを共有することが先決であり、この場合には「専門家」「実作業者」のみが行った方がよいと思われる。

リスクアセスメントの方法

リスクアセスメントに際しては次の各観点から調査・分析を行う必要がある。

▼リスクの調査・分析方法★5

①エクスポージャーの確認（リスクにさらされるもの。組織にはどんな人、物が存在するか）
②どんな事故が起こる可能性があるか（人的・物的リスク）
③どんな事故を起こす可能性があるか（責任・費用リスク）
④事故が、どんな損失の形態をとるか（人的損失、物的損失、損害賠償責任等）

リスクを特定した後は、リスク想定を行う。情報セキュリティに関しても、ほかの分野と同様に、事故の発生確率・頻度と強度（影響度）を予測する。これが明確になれば、たとえ決裁権をもつ責任者が情報リテラシーに乏しい人物であったとしても、情報セキュリティ対策の重要性に気づくことだろう。情報セキュリティに関連した事故が日常的に起こっているなかで、それでも当事者意識がもてないからこそ、事件は相変わらず発生している。まずやるべきことは、リスクの特定・想定である。特定し、想定したリスクについて的確な対応の決定がなされる。そのようにしてリスクへの感性を高めていくことである。

★5──亀井克之『現代リスクマネジメントの基礎理論と事例』法律文化社、2014年、45ページ。

Case Study

❶情報セキュリティに対する基礎知識が乏しい作業者が同じ部署内にいる場合、リスクマネジメントの観点からどのような取り組みをなすべきかを考えてみよう。

❷自分の会社がサイバー攻撃を受けた場合に、考えられるリスクとその対処について検討してみよう。

ケース 15

みずほフィナンシャルグループにおける2度の大規模システム障害

みずほフィナンシャルグループ（日本）

- 銀行が合併する際にはシステム統合が必要だが、スムーズに進行させることができなかった。
- 2度にわたるシステム障害の根本原因は、経営陣におけるリスク認識の甘さにある。
- 一方で現場レベルでは、過去の失敗を生かした対応ができており、危機管理へと生かしている。

1 メガバンクで発生したシステム障害

みずほフィナンシャルグループ（以下、みずほFG）といえば、三菱東京UFJ銀行を含む三菱UFJフィナンシャルグループ、三井住友銀行を含む三井住友フィナンシャルグループとともに、3大メガバンクの一角をなす一大企業である。まずは2000年に旧第一勧業銀行、旧富士銀行、旧日本興業銀行と関連企業が合併・再編し、みずほホールディングスが発足。傘下の銀行として2002年にみずほ銀行、みずほコーポレート銀行が誕生した。その後、みずほホールディングス子会社として2003年にみずほFGが誕生したが、ほどなくして親会社と子会社の関係が逆転し、みずほグループを統括するポジションになったという、少し複雑な経緯がある。日本の銀行業界の歴史は、銀行間の合併・再編の歴史でもある。とくにバブル崩壊後はその頻度が増しており、みずほFGのたどってきた来歴もこの動きのひとつといえる。

さて、銀行間の合併は勘定系基幹システムの統合を伴うものであり、一般的にトラブルが発生するリスクが高い。そのために銀行側は、くり返し試験運用を行い、原因になる事象を特定しては対処するようにするものだ。

だが、みずほ銀行の場合は経営陣が当初案を覆したことでスケジュールに余裕がなくなった。また背景には3行間の不仲さ、経営陣のシステムに関する意識の甘さなどが影響し、リスクを解消しないまま、銀行営業をスタートさせてしまった。これにより発生したのが2002年の障害である。さらに2011年に発生したシステム障害も人為的ミスが多数確認されており、企業風土の問題といわざるを得ない。

みずほ銀行の合併時における障害（2002年）

みずほ銀行は3つの銀行が合併して2002年4月1日に誕生した。前述の通り、合併に際しては、当然ながら勘定系基幹システムも一本化することになる。そこで旧3行の経営陣はシステムの選定を行い、1999年12月には旧第一勧業銀行の勘定系基幹システムに一本化する「片寄せ方式」が決定。統合をめざし準備を進めていくことになった。

だが、翌年にはこの案の決定が覆る。まず、一本化する時期を1年延期し、それまでは旧3行がそれぞれ使っていた勘定系基幹システムをリレーコンピュータでつなぐ方式をとることにしたのだ。この方式では3行間の連携が重要となるが、それができなかった。これは、旧第一勧業銀行とシステム子会社だけの閉じた環境で開発が進められたからであり、さらにいえば旧第一勧業銀行のシステム幹部と旧富士銀行のシステム幹部が反目していたからである。もとを正せば、経営トップが現場任せにしたことがよくなかったのだ。★1

合併直前の2002年3月には口座振替の強化テストを実施した。経営会議では、システムについて担当部署は「おおむね問題なく進んでいる」と回答したことから、経営会議でそれ以上の確認はせず、予定通りシステム移行することに決まった。しかしこのとき、誤った口座振替データを入力してシステム全体の負荷を調べる異常テストは「時間的余裕なし」などの理由で見送っている。そして、残り2日となった3月30日になって、金融機関コードと店番号が入り交じってミスマッチとなるエラーが発生。さらに特殊フォーマットでもち込まれる口座振替データの処理でも、プログラムバグによるエラーが発生した。これらのエラーは手作業で修正したが、処理の遅れは5万件となった。それでもなお、4月1日中に処理可

図 6-3 ★日本経済新聞 2002 年 4 月 2 日付朝刊

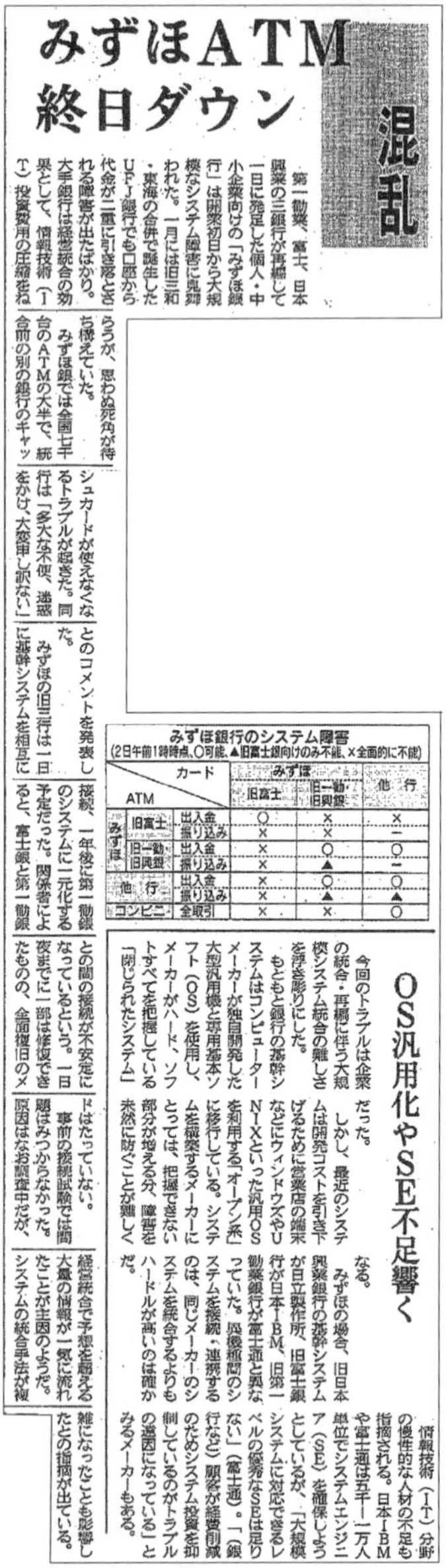

混乱

みずほATM 終日ダウン

第一勧業、富士、日本興業の三銀行が再編して一日に発足した個人・中小企業向けの「みずほ銀行」は開業初日から大規模なシステム障害に見舞われた。一月には旧三和・東海の合併で誕生したUFJ銀行でも口座から代金が二重に引き落とされる障害が出たばかり。大手銀行は経営統合の効果として、情報技術（IT）投資費用の圧縮をねらうが、思わぬ死角が待ち構えていた。

みずほ銀では全国七千台のATMの大半で、統合前の別の銀行のキャッシュカードが使えなくなるトラブルが起きた。同行は「多大な不便、迷惑をかけ、大変申し訳ない」とのコメントを発表した。

みずほの旧三行は一日に基幹システムを相互に接続、一年後に第一勧銀のシステムに一元化する予定だった。関係者によると、富士銀と第一勧銀との間の接続が不安定になっているという。一日夜までに一部は修復できたものの、全面復旧のメドはたっていない。

事前の接続試験では問題はみつからなかった。原因はなお調査中だが、経営統合で予想を超える大量の情報が一気に流れたことが主因のようだ。システムの統合手法が複雑になったことも影響したとの指摘が出ている。

みずほ銀行のシステム障害
(2日午前1時時点、○可能、▲旧富士銀向けのみ不能、×全面的に不能)

ATM ＼ カード			みずほ 旧富士	みずほ 旧一勧・旧興銀	他行
みずほ	旧富士	出入金	○	×	×
		振り込み	×	×	－
	旧一勧・旧興銀	出入金	×	○	○
		振り込み	×	▲	－
他行		出入金	×	○	○
		振り込み	×	▲	▲
コンビニ		全取引	×	×	○

OS汎用化やSE不足響く

今回のトラブルは企業の統合・再編に伴う大規模システム統合の難しさを浮き彫りにした。

もともと銀行の基幹システムはコンピューターメーカーが独自開発した大型汎用機と専用基本ソフト（OS）を使用し、メーカーがハード、ソフトすべてを把握している「閉じられたシステム」だった。

しかし、最近のシステムは開発コストを引き下げるために営業店の端末などにウィンドウズやUNIXといった汎用OSを利用する「オープン系」に移行している。システムを構築するメーカーにとっては、把握できない部分が増える分、障害を未然に防ぐことが難しくなる。

みずほの場合、旧日本興業銀行の基幹システムが日立製作所、旧富士銀行が日本IBM、旧第一勧業銀行が富士通と異なっていた。異機種間のシステムを接続・連携するのは、同じメーカーのシステムを統合するよりもハードルが高いのは確かだ。

情報技術（IT）分野の慢性的な人材の不足も指摘される。日本IBMや富士通は五千―一万人単位でシステムエンジニア（SE）を確保しようとしているが、「大規模システムに対応できるレベルの優秀なSEは足りない」（富士通）。「（銀行など）顧客が経営削減のためシステム投資を抑制しているのがトラブルの遠因になっている」とみるメーカーもある。

能ならば問題なしとされる。こうしてついに迎えた4月1日、みずほ銀行とみずほコーポレート銀行は誕生した。

いよいよ迎えた統合初日に、リスクは現実のものとなった。旧富士銀行の店舗にあるATMは、旧2行のキャッシュカードが使用できず、他行の店舗で旧富士銀行のキャッシュカードを使うと現金が引き出せないのに記帳されるということが発生した。これには手作業で修正を行ったが、10万件が未処理になり、さらには顧客の口座データが消失するという二次被害も起こってしまった。以降、口座振替の遅延や二重引き落とし、引き落とし漏れが数万件レベルで発生。みずほホールディングスの社長は国会での参考人招致、記者会見などで釈明に追われた［図6-3（→p.206）］。5月24日の記者会見では、これらの障害に伴う損害額が18億円にのぼると発表した。

東日本大震災時における障害（2011年）

2度目のシステム障害は、東日本大震災の直後である2011年3月15日に発生した。本書の読者には記憶に新しい出来事だと思うが、当時は東日本を中心に震災後の混乱が続く最中であり、誰もが大きな不安を抱えていた。一方で震災を免れた各地域からは早急に復興支援の手が差し伸べられ、緊急物資や義援金が動きつつある状態だった。この義援金を受けつ

★1――失敗知識データベース http://www.sozogaku.com/fkd/cf/CA000623.html

ける口座における上限振り込み件数の設定ミスが[★2]、システム障害の原因となった。

　システム障害が起こる前日の3月14日、都内2か所のみずほ銀行支店では、特定の口座に上限を超える振り込みが発生した。この口座はテレビ局が義援金の受付用に設けたもので、テレビ局が募金を呼びかけたのがきっかけだった。義援金の振り込みは、午後3時を過ぎても続いた。午後3時以降に受けつけた分は翌日扱いとなるが、これらの振り込みデータについては、翌日の振り込み処理に備えて、夜間に一括して準備処理をする[★3]。これが夜になって異常をきたし、さらに一部データが消失したのである。

　みずほ銀行は口座開設時、1日に受けつけられる振り込み件数の上限を設定する。関係者によると「普通口座は通常9999件にするが、大量の振り込みが予想される口座にはもっと大きな値を設定する」（関係者）。だが、問題となった口座は「お客様に口座の用途を確認するプロセスにヒューマンエラーがあった」（西堀頭取）ため、そうした措置が施されなかったとみられる[★4]。そのためエラーが大量発生した。その結果、15日は午前9時時点でオンラインサービスがストップ。15日付の38万件、約4900万円分の振り込みも処理できず、オンライン処理も午前10時30分ですべての振り込みが不可能になった。

　さらには、別の携帯電話会社による義援金の募集により、再び振り込み件数が増加。そのため、障害は連日にわたった。そこでみずほ銀行は、システム担当者と勘定系システムの処理能力を振り込み処理に集中するため、18日からの5日間、店舗外ＡＴＭやインターネットバンキングなどのサービス停止を決めた。さらに19日からの3連休の間は、全国にあるすべてのATMの稼働停止を決めた。ATMなどを全面停止して臨んだ19日からの3連休、みずほ銀行は一気に巻き返しを図った。それでも未処理分が積み残り、振り込み処理の完了は24日までずれ込んだ。14日のシステム障害発生から10日間の間に、一括処理が滞ったことによって入金が遅れた他行宛振り込みは合計120万件、金額にして8000億円前後とみられる。このほか、他行からの振り込み101万件の入金も遅れた。

2 ベンダー、銀行とも「顧客不在」の議論が根底に

みずほ銀行、みずほFGで生じた2度にわたる大規模なシステム障害については、おおむね経営陣の責任を指摘する報道が多い。本来は顧客満足のために注力し、新たな組織の構築

★2―『日本経済新聞』2011年4月1日付 http://www.nikkei.com/article/DGXNASFK0100K_R00C11A4000000/
★3―日経ビジネスオンライン「みずほ銀システム障害の真相」http://business.nikkeibp.co.jp/article/manage/20110715/221508/
★4―『日本経済新聞』2011年4月1日付 http://www.nikkei.com/article/DGXNASFK0100K_R00C11A4000000/

に心を砕くべき経営陣がそれを怠った。結果、表面上は3行合併を成し遂げたものの、真の組織間融和は成し得ていないと推測できる。2016年11月の各紙報道でシステム統合の再延期が報じられ、18年夏以降といわれているのもその証左といえるだろう。

リスクマネジメントの視点からは、リスクを事前に想定する（リスクアセスメント）点について指摘したい。スケジュールの都合とはいえ、システム運用テストも、シミュレーション訓練も行わずに進行するということは、システム障害というリスクと常に向き合い、対応を重ねてきたシステムベンダーにはあり得ないことだろう。なぜなら、金融機関におけるシステム障害はあまりに多くの顧客に悪影響を及ぼすからである。現場レベルでは一つひとつのシステム障害事案とその対応策を事後に生かし、情報を共有しているものである。今回も一部報道には、現場担当者を評価する内容が散見できた。

しかし問題があるのは、状況を把握し、計画を進行・管理するべき経営陣だ。先述の通り、リスクアセスメントを行わない、または無視をするかのようにスケジュールを優先したという事実、そして実際にシステム障害を起こしたという責任は大きい。メガバンクとして計画通りに物事を遂行していくこと、外部評価を意識することはもちろん大切であるだろうが、なにより業務すべては一人ひとりの顧客との信頼から成り立っていることを再認識し、企業風土から変革がなされることを期待したい。

Case Study

❶経営陣によるリスク意識の欠如で生じた失敗事例について、自分が該当する業界・分野の事例を調べてみよう。

❷現在進行させているプロジェクトや事業などがあれば、将来的に危機を引き起こすリスクについて検証してみよう。

経営戦略に関するリスクマネジメント

Chapter 第7章

キーワード

リスクテーキング
リスクの保有
リスクの回避
リスクファイナンス
投機的リスク

はじめに

決断にはリスクがつきものである。企業にとっては「リスク」は利益を損なうネガティブなイメージがつきまとうが、リスクマネジメントの分野においては、あえてリスクをとって事業を拡大・発展させる「リスクテーキング」という考え方がある。ただリスクテーキングの結果として利益を損なう可能性は十分にあり、最悪のケースを想定した事前の対応が重要になってくるといえる。

本章では、企業や経営者があえてリスクテーキングをした事例として、海外M＆Aに挑むも失敗に終ってしまった「第一三共による海外M＆A事案とその教訓」（ケース16）と、リスクテーキングをしたことで大きな利益をもたらすことになった「新車の共同開発に踏み切ったルノーの決断と結果」（ケース17）について、つまり失敗と成功事例をそれぞれみていきたい。

ケース 16

第一三共による
海外 M&A 事案とその教訓

第一三共（日本）

- 市場変化に対応するため統合を行い、その後に海外メーカーのM＆Aに着手。
- 公開買付期間中に対米輸出が禁止となり、企業価値が暴落。
- 不測の事態の“安全弁”となるべき補填条項が盛り込まれず、大きな損失を被った。

1 M&Aに備え統合を進める

第一三共★1は製薬メーカーの国内大手であり、2005年に旧三共と旧第一製薬が統合して誕生した（過去5年の財務数値は表7-1の通り）。両社はそれぞれ明治、大正期に創業した老舗《しにせ》企業であるが、国内の人口減少により海外市場への拡大が急務であること、外資系企業からのM&Aに備えた規模の拡大、研究開発力の強化などの理由から統合に至ったと推測できる。

統合から3年を経た2008年6月に同社は、インドの製薬メーカー大手・ランバクシー・ラボラトリーズ（以下、ランバクシー）の株式取得を発表した。ランバクシーは、インドのデリーを本拠地とし、脂質異常症および感染症などの領域における後発医薬品の製造・販売および研究開発事業を展開している。売上規模は2007

表 7-1 ★第一三共の財務数値

単位：億円

	2012年度	2013年度	2014年度	2015年度	2016年度
売上収益	9,979	11,182	9,194	9,864	9,551
売上原価	3,137	4,023	3,231	3,186	3,494
販売費及び一般管理費	5,837	4,132	3,312	3,288	3,025
研究開発費	1,830	1,912	1,907	2,087	2,143
営業利益	1,005	1,116	744	1,304	889
当期利益（親会社帰属）	666	609	465	823	535

資料：第一三共ホームページ「財務データ」http://www.daiichisankyo.co.jp/ir/highlight/

年12月期で約1800億円。本件は、先進国市場におけるハイリスク・ハイリターンの従来型ビジネスに加え、新興国市場へのグローバルリーチを拡大し、さらに後発医薬品により先進国市場における薬剤へのリーチを広げた「複眼経営」に取り組むための最重要案件と位置づけられた。2008年8月に公開買付開始、創業家一族からの取得など、取引が完了したのが2008年11月である。★2 同社はランバクシーの全株式のうち、63・4%を4900億円で取得した。

2 ランバクシーの株価が一気に下落

ところが、公開買付期間中の2008年9月に、不測の事態が起こる。FDA（アメリカ）が突如、ランバクシーの2工場で抗生物質の取り扱いや製造器具の洗浄状況、生産管理、品質管理などに関する記録の保存について問題が改善されていないとして、30種以上の医薬品について、米国への輸入を禁止する措置をとった。

★1―グループ会社に、第一三共エスファ、第一三共ヘルスケアなどがある。近年の売上高ランキングにおいても上位5位内に入る国内大手の製薬会社のひとつである。
★2―M＆Aオンライン「第一三共 国内第3位の製薬会社のM＆A苦難の道のり」https://maonline.jp/articles/daiichisankyo0351?page=3

売上高の3割を占める米国市場を一時的に失ったことで、ランバクシーの株価は２００８年12月末に買収価格から66％も大暴落した。この結果、第一三共に３５９５億円の評価損が発生し、２００９年3月期連結決算で巨額の特別損失を計上。２１５４億円の最終赤字に転落した。[★3] ここで第一三共は役員派遣などのサポートを行ったものの、同じ理由で２０１３年には買収後に稼働したモハリ工場が、２０１４年には各工場に原薬を供給するトアンサ工場が対米禁輸措置を受けた。[★4]

その後、２０１４年には同じインドの製薬メーカーのグループ会社であるサン・ファーマにランバクシー株を売却し、サン・ファーマ株を取得。翌年にはこのサン・ファーマ株も売却した。２０１４年に誕生したモディ政権への期待を受けた相場上昇や、サン・ファーマの好業績もあり、吸収合併で合意した２０１４年4月から同社の株価は2倍近くまで上昇。２０１５年3月期に第一三共は約３６００億円もの合併差益を計上した。事業収益で稼ぐ前に、株価の大幅な上昇で、ランバクシーの巨額減損はほぼ帳消しになった。[★5] ただ、金銭的な部分以外の損失を考えれば、問題が解決されたわけではない。

3 「安全弁」の不備が損失を拡大

ケースとして取り上げた第一三共だけでなく、あらゆる企業はリスクを負担しながら活動をしている。これをリスクマネジメントの分野では「リスクテーキング」という。企業活動は、リスクテーキングであるといえ、リスクの全面的な回避は企業経営の放棄を意味する。既存の経営活動や、将来に関する戦略の選択・実施は、必然的にリスクの保有を伴う。留意すべき点は、そのリスクを一部回避したうえで保有するのか、一部、軽減したうえで保有するのか、一部転嫁・移転・共有したうえで保有するのかという点である。[★6]

第一三共の場合、海外の現地企業をM＆Aで取得することは投機的リスクであり、そのリスクを全面的に保有するのではなく、なんらかの安全弁を準備したうえで、リスクを保有する[★7]べきだったと思われる。具体的には、リスク対応のひとつである「リスクファイナンス」（リスクの転嫁・移転・共有）を設定する必要があった。

同社の場合、ランバクシーの6割の株式を買うのに5000億円近い巨額な資金を投下し

★3―ビジネスジャーナル「第一三共、なぜ大型海外M＆Aで巨額損失の誤算？ 遠因の社内対立に拍車の懸念も」http://biz-journal.jp/2014/04/post_4674.html

★4―東洋経済オンライン「第一三共が問題のインド子会社を実質売却」http://toyokeizai.net/articles/-/34803?display=b

★5―東洋経済オンライン「第一三共、インド問題終結でも次なる試練」http://toyokeizai.net/articles/-/69456

★6―亀井利明・亀井克之『リスクマネジメント総論 増補版』同文舘出版、2009年、92ページ。

★7―★6と同じ、93～94ページ。

たことから、当時「高すぎる」との指摘も上がった。これに対して当時同社の社長であった庄田は、「30年後には人口が増え、経済力が上がる新興国市場には躍進的な成長の可能性がある。よって買収価格が高いか安いかの判断は、第一三共とランバクシーが、今後何を生み出すかによって定まるのではないか。第一三共の株主の方にとっても、十分価値を生み出せる価格だと考えている」と反論★8したという。しかしながら、それから半年で7割近い企業価値が消失したのである。

通常、企業買収においては、損失が生じた場合の補塡《ほてん》が契約に盛り込まれることになるが、第一三共側は不測の事態に備えた条項を契約に盛り込まなかったといわれている。これは複数のメディアが報じており、信用性が高い情報といえるだろう。

また、同社の場合Ｍ＆Ａからほどなくしてアメリカへの輸出が不可能になるという不測の事態が生じたことを考えれば、問題が生じたときに命綱とすべき契約条項の不備が損失を大きく広げる結果を生みだしたといえる。この原因としては海外Ｍ＆Ａ事案に長けた人材がいなかったと言われるが、背景として経営者のリスク感性を問題視するべきだと筆者は考える。

本書を執筆している２０１７年春時点で、すでに同社はこの問題を乗り越えて事業を遂行している。しかしながら、海外戦略に後れをとったことは事実だ。これを教訓として、経営者人材のリスク感性向上への取り組みを期待したいところである。

★8――★3と同じ。

Case Study

❶海外でのM&A事案におけるリスクを想定し、内容をあげてみよう。

❷第一三共がランバクシー事案に対応していた期間において、ほかの製薬メーカーがどのような動きをしていたかを調べてみよう。

ケース 17

新車の共同開発に踏み切ったルノーの決断と結果

ルノー（フランス）

- 独創的新製品開発に伴うリスクを「回避」するのか「保有」するのか。
- リスクをとらなかったプジョーとリスクをとったルノーの明暗。

1 リスクをとったルノー

ヨーロッパ初のミニバン車「エスパス」

ルノー★1といえば、世界に知られるブランドであり、子会社を含めた規模ではヨーロッパ最大の自動車メーカーである。創業者はルイ・ルノーで、創業120年周年を迎える。現在の代表者は日産自動車を立て直し、今度は窮地に立つ三菱自動車の会長に就任したカルロス・ゴーンだ。これまでにさまざまな新車の開発に注力してきたことはいうまでもないが、今回取り上げるヨーロッパ初のミニバン車「エスパス」の開発はルノーにとってもトピックス的な事柄のひとつだといえる。

このエスパスの開発を持ちかけたのが、フランスにおいてルノー、プジョー、シトロエンに次ぐ存在の

図 7-1 ★ルノー・エスパス(初代)

資料：https://ja.wikipedia.org/wiki/ ルノー・エスパス（著作権者：pantoine）

メーカーだったマトラ・オートモビル（以下、マトラ）である。マトラは宇宙・航空・軍事の各産業で事業を展開するジャン・リュック・ラガルデールが１９６４年に設立した自動車メーカーで、当初はスポーツカーを生産していた。

１９８４年の初頭、マトラはファミリー層をターゲットにした新しい車種の開発を模索していた。従来の車種よりも室内高があり、長距離移動でもストレスなく、大きめサイズの荷物も運べる「ミニバン車」である。

マトラは新車種の開発に際して、まずプジョーに共同開発を打診した。しかしながらプジョーは、この新車種を「めずらしい車種だから売れないだろう」との考えから、「リスクを回避する」判断を下した。そこでマトラが声をかけたのが、ルノーだった。ルノーはプジョーとは正反対で、〝リスクをとって〟共同開発することを決定。こうして誕生したのが、エスパスだった［図７-１（→p.224）］。

欧州のミニバン車市場を独占

ルノーはマトラと提携し、エスパスの生産に乗り出した。マトラは独自に有するプラスチック加工技術を用いてボディを、ルノーは機械部分をそれぞれ製造し、組み合わせる形を

★１―フランス・パリに本社を置く自動車製造会社。１８９８年にルノー兄弟によって設立された。日産自動車など傘下のグループ企業を含めると、ヨーロッパ最大の自動車企業である。

とった。プラスチックによるボディ加工は生産コストを抑えることができ、少量生産であっても採算がとれた。そして1984年の発売以降は、フランス語で「モノスパース」と呼ばれるミニバン車市場を創造し、90年代に入るまで他の追随を許さないほどの好調ぶりだった。こうしてルノーとマトラの両社は、欧州のミニバン車市場をほぼ独占する大成功を収めた。

ちなみにリスクを回避したプジョーは、大きな商機を逃す結果となり、ミニバン車を自社開発して市場へ投入するまでに10年を要してしまった。それもイタリアのフィアットと組んでやっとミニバン車市場に参入できた。リスクの回避が利益を放棄することにもなるという事例である。

2 戦略的提携に成功もマトラは操業停止に

好調な売れ行きが続いたエスパスが4度目のモデルチェンジをした2001年から、ルノーはボディの生産を自社工場へ移管し、マトラのプラスチック加工ではなく、鉄のボディによる生産にシフトさせた。つまり、エスパスはルノーが単独で生産することになった。

そこでマトラは、エスパスに代わって未来的なデザインのルノー「アヴァンタイム」の生産を開始した。しかしながら、アヴァンタイムは市場に受け入れられず、売れ行きは低迷。

結果、２００３年2月にマトラを運営するラガルデール・グループは自動車製造部門からの撤退を発表するに至ったのである。なお、発表から半月後の3月14日に、ラガルデールは逝去した。同グループは息子のアルノー・ラガルデールが経営を継承し、エアバスの経営のほか、出版、メディア、書籍流通を中心に現代フランスを代表する企業グループとなっている。また、マトラはその後イタリアの自動車メーカーに売却され、マトラ・オートモービル・エンジニアリングの社名で自動車の研究開発に取り組んでいる。

3 投機的リスクは調査・確認のうえで保有する

リスクマネジメントの視点から今回のケースをみると、プジョーはマトラとの共同研究を断って、リスクの回避を行った。これはリスクコントロールのなかでも、最もシンプルな手段といえる。一方でルノーは、共同開発を受け入れた。これは回避と正反対の意味をもつ「保有」である。

言葉のイメージも手伝って、一般的にはリスクの回避をすることが最も重要だと捉えてしまいがちだが、プジョーを例にすればリスクの回避は消極的なリスクトリートメント（リスク対応）といえる。先述の通り、これは利益の放棄にもつながる。そのため経営者やリーダーにとっては、安易にリスクの回避を選ばないということも大事である。

これに対してルノーがとった行動は、リスクを十分に認識したうえであえて選ぶ「リスクテーキング」であり、投機的リスクを保有したことになる。ただ、これは言葉通り「投機的」であることから、ビジネスチャンスになるかどうかを調査・確認し、評価・分析をしたうえで保有することが肝要である。

こと現代においては、会社の規模や事業領域にかかわらず、投機的リスクを保有するシーンがたびたびあるだろう。リスクを伴う決断の基準は、それが「負えるリスク」なのか、「負えないリスク」なのか、そして「負わないことによるリスク」とはどうなのか、の3つである。[★2]

★2―Decide Now, Do it Now（今決めよう、すぐに実行しよう）
Everything is possible（なんでも可能だ）
Swing the bat!（バットを振ってみよう）
以上をスローガンとするUSJ（ユニバーサル・スタジオ・ジャパン）が、売上700億だったとき450億円の投資というリスクをとってハリーポッター・エリアをつくることを決断した。一方で沖縄に第2パークをつくるというリスクはとらなかった。その後のUSJの活況は周知の通りである。

Case Study

❶1984年当時の「エスパス」のようにマーケットに存在しない「独創的新製品開発」に伴うリスクについて考えてみよう。

❷自分自身が「リスクテーキングして利益を得た」「リスクを回避して利益を逃した」経験をそれぞれあげてみよう。その際の決断について振り返ってみよう。

Chapter

第8章

企業の不正とリスクマネジメント

キーワード

経営者の判断
リスクの特定
ソーシャルリスク

――――はじめに――――

社会からみて企業は、公益性が高い活動を事業として行うものであり、法令遵守はもとより、常識や倫理の観点からも良い評価がなされることをめざすべきである。しかし、大変残念なことに、いつの時代にあっても過失を隠すため、また利益を優先するあまり、不正が行われることがある。

本章では不正の先にあるハザードに直面し、リスクマネジメントにおいて失策となった事例として、「フォルクスワーゲン・三菱自動車にみるデータ不正問題」（ケース18）と、「横浜マンションにおける大規模建て替え問題」（ケース19）「エンロンの不正会計問題とコーポレートガバナンス」（ケース20）について、事件の顚末を中心にみていきたい。

ケース 18

フォルクスワーゲン・三菱自動車にみるデータ不正問題

フォルクスワーゲン（ドイツ）、三菱自動車（日本）

- フォルクスワーゲンは環境規制クリアと燃費が良く安価である点を維持するために不正ソフトを組み込んだ。
- 三菱自動車は燃費を良くみせるためにデータを不正した。
- フォルクスワーゲンは業績回復、一方で三菱自動車は以前からの問題もあり解決が不透明。

1 世界に突如広がったデータ不正疑惑

フォルクスワーゲン（Volks Wagon、以下、ＶＷ）は、誰もが知る自動車メーカーである。販売網また生産拠点は世界各国へ展開しており、近年では世界の自動車総販売台数も毎年のようにトヨタと首位を争ってきた。２０１４年度には念願だった世界販売１０００万台超、そして総販売台数で首位を獲得した同社だったが、その翌年に発覚したのが、ソフトウェアを使用した排ガス規制検査の不正問題である。

不正疑惑の発覚

同社の排ガス規制における不正疑惑が世界をかけめぐったのは、２０１５年9月18日のことである。これは事前に情報が流れることはなく、日本でも19日朝刊時点で関連する報道は皆無だった。たとえばこの日の『日本経済新聞』では、国内輸入車販売台数の首位が16年ぶりにメルセデス・ベンツとなり、それまで15年連続で首位だったトヨタが陥落したという、販売に関する記事が掲載されていた。

ところが同日の夕刊以降は、ＶＷの名と不正の見出しで各紙が賑わうようになる。『日本経済新聞』には次のような記事が掲載された。

米環境保護局（ＥＰＡ）は18日、独フォルクスワーゲン（ＶＷ）と傘下の独アウディの自動車で大気浄化法違反の疑いが見つかったと発表した。対象となるのは２００８年以降に米国で販売されたディーゼル車５車種、計48万２０００台。ＶＷなどはリコール（回収・無償修理）に追い込まれる見通しだ。★1

記事はこの書き出しに続いて、以下を明らかにしている。

・排ガスに関する試験をクリアするために、違法なソフトウェアを使っていた。
・窒素酸化物（NOx）の排出量が基準値と比べ40倍に達する可能性があるという。
・米メディアによると大気浄化法違反で１台あたり最大３万７５００ドルの制裁金が科される可能性がある。単純計算で最大で１８０億ドル（２兆１６００億円）となる。

これらの具体的な記述をみる限り、疑惑という言葉があるものの、報道時点で事実はほとんど確定的だったのだろう。

★1――『日本経済新聞』２０１５年9月19日付夕刊。

誰もが知る有名自動車ブランドの不正問題は、世界に衝撃を与えた。だが、ここで同社は対応が遅れる。不正疑惑が発覚した直後に「事態を重く受け止め調査に協力する」との声明を発したものの、販売停止とリコール（回収・無償修理）の決定、社長の声明発表まで2日間を要した。リスクを想定しての対応、また組織としてどう動いていくかという方針が、前もって定まっていなかったと推測される。

続く22日には、同社の不正問題が波紋を広げ、欧州の株式市場が全面安に陥った（同社は2日間で株価がおよそ4割の大幅安となった）。また、ドイツのメルケル首相からも「完全な透明性を示すことが重要だ」との発言があり、社長も深く謝罪すると述べ、翌日に辞意を表明した。

事件の経緯

報道によると、不正問題が発覚したのは、米ウェストバージニア大学が実際の路上で実施した排ガス試験がきっかけだったという。大学が実施した排ガス試験では基準値の最大35倍の窒素酸化物（NOx）を検出したため、不審に思った大学側がＥＰＡに通報した。この通報を受けてＥＰＡが調査を開始し、同社は不正ソフトの搭載を認めたという。

不正ソフトは、走行中であるにもかかわらずハンドルが一定時間動かない条件に反応して起動するしくみだった。これは検査場内を想定してのものと思われる。ソフトが起動すると、エンジン制御と大気汚染物質を吸着する尿素水溶液の多量噴出によって、検出を減らすというものである。

考えてみれば、ソフトによる制御で大気汚染物質の排出が減らせるのであれば、常時ソフトが起動するようにすれば環境にもやさしく、問題も生じない。だが、これは燃費効率が下がるというデメリットを生むのである。ディーゼル車はガソリン車に比べて、燃費効率の良さに優位性がある。これに車両価格の安さがあれば、節約志向の消費者は買うだろう。「高額な排ガス処理装置を取りつけなくとも、大気汚染物質の排出が少なく、ガソリン車より燃費が良い」という売り出し方をすることを、技術ではなく不正ソフトで達成したのが過ちであった。

ＶＷの不正は２００５年に始まっている。限界ある予算と時間のなかで、ＥＡ１８９型エンジンを米国の窒素酸化物（NOx）の排出基準に適合させられなかったために、同社はこのソフトを作成するに至った。[★2] 後年には技術進歩によって排ガス内の大気汚染物質を削減する方法が生みだされたが、同社はその後も不正ソフトの使用を継続したのである。

ＶＷは、長年の悲願だった世界自動車販売台数の首位獲得を２０１４年度、そして２０１５年の上半期に果たした。その直後に、今回の不正が発覚したのである。最終的に不

★2―ａｕｔｏｂｌｏｇ「ＶＷ、ディーゼル排出ガス不正問題の原因が米国での事業拡大方針にあったと告白」http://jp.autoblog.com/2015/12/13/vw-blames-us-diesel-scandal/

正対象車は全世界1100万台にのぼり、欧州では制裁金やリコールなどの費用は欧州だけで2兆2000億円（182億ユーロ）、アメリカでは訴訟の和解金として1兆7200億円、カナダでも同様に1800億円の補償をしていくことになる。当然ながら経営陣はすべて入れ替わる事態となった。

2 VWの翌年には三菱自動車がデータを改ざん

VWの事件は業界全体に大きな影響を与えたが、その翌年の2016年4月20日には三菱自動車（以下、三菱自）がデータ改ざんを行った。各メーカーが襟を正して出発するなかで、三菱自がこうした不正を続けたことは残念としか言いようがない。内容としてはタイヤの抵抗値を不当に設定し、実際の燃費よりも1割強の上乗せを行っていた。また当初は4車種が該当との発表があったが、最終的には29車種まで拡大した。

もうひとつ、興味深いのはスズキの動きだ。そもそもスズキはVWと資本提携があったが、2015年に不正が発覚する2日前に、偶然ながら提携を解消した。独自のディーゼルエンジンをもっていなかったスズキは、頼みの綱であるVWからその技術情報を十分に開示してもらえず、車づくりが難航していた。結局、スズキは欧米フィアット・クライスラー・

オートモービルズ（ＦＣＡ）から技術供与を受けることになり、ＶＷとの溝が決定的になった。スズキの幹部は「ＶＷから調達していたら、今ごろ大変だった」と胸をなで下ろしたという。[★3]しかしながらスズキも三菱自の不正が明らかになった後で、燃費の計測方法が規定と異なることが判明する。鈴木修が責任をとり、ＣＥＯを辞した。

三菱自は、不正発覚後も生産停止、さらなる不正の発覚などが連日報道され、大きく信頼失墜する事態となった。この結果、同社は日産自動車の傘下に加わることとなった。そして２０１６年12月にはカルロス・ゴーンが会長に就任する。ゴーンは「三菱自動車との提携が、うまくいくかと思っている人もいると思うが、私には成功に導く自信がある。きょうは再生に向けた新たな幕開けだ[★4]」と語っているが、信頼回復には一定の時間を要するだろう。

★３―『日本経済新聞』２０１５年10月23日付特集記事。
★４―ＮＨＫ ＮＥＷＳ ＷＥＢ「燃費データ不正の行方」https://www3.nhk.or.jp/news/special/mitsubishi-nenpi/

3　経営陣の判断がリスクに

ＶＷと三菱自に共通するのは、経営者の判断がリスクになったという点である。経営陣が不正の自覚をもっていたかどうか、またその認識を可能にする知見を有していたかどうかについては決定的な根拠がなく、明らかではない。だが状況からして、彼らが不正を認識したうえで判断を下したと推測することは十分に可能だ。不正が発覚した場合、同社の車両を購入した顧客、同社の従業員や生産工場の作業員・エンジニア、販売会社の営業マンといった社内関係者に直接的な被害をもたらす。さらに視野を広げると、有名ブランドの信頼失墜は自動車業界全体にも波及する。また、同社が所在する国やその国の経済にも悪影響を及ぼすことになる。経営者はここまで意識して行動してほしいものだ。

ＶＷの場合、米下院エネルギー・商業委員会の公聴会に証人として出席したＶＷ米国法人のミヒャエル・ホーン社長兼最高経営責任者（ＣＥＯ）は「数人のソフトウエア技術者が関与した」と述べ、組織ぐるみの不正を否定した。だが、どう考えても責任の所在は同社経営陣にある。社業発展は全社員の悲願かも知れないが、一線を越えるまでの行動に至らせたのは経営陣のほか考えられないだろう。

この背後には根深い権力争いがあった。１９９３年に社長となったフェルディナント・ピエヒは、創業期から同社の自動車づくりに関わったフェルディナント・ポルシェの孫にあたる。同氏は２００２年に監査役会長となったが、権力を握り続けた。２００６年には当時社長だったベルント・ピシェツリーダーが退任に追い込まれた。「従業員が反対している」というピエヒのひとことが決め手だった。マルティン・ヴィンターコーンはピシェツリーダーの後釜として２００７年に社長に就任した。「結果をださなければ自分が同じ目に遭う」と危機を感じ「２０１８年に世界販売１０００万台をめざす」と宣言し、拡大路線をひた走った。２００８年７月には「鬼門」の対米投資も決めた。「本当に大丈夫か」と、ピエヒは何度も念を押した。排ガス不正はこの年に始まった。米事業は低調だったが、１０００万台は２０１４年に達成した。★5

２０１４年４月には、ヴィンターコーンの社長任期延長についてピエヒが反対しているとの報道があった。だがこのときは周囲が社長を支持し、ピエヒは会長を辞任。そして９月７日には、ヴィンターコーン社長を支えてきたハンス・ディーター・ペッチュが監査役会長に、ヴィンターコーンが２０１８年末まで社長任期延長となる新体制が固まった。★6 その矢先に問題が発覚したのである。

★5―『日本経済新聞』２０１５年10月20日付特集記事。
★6―★5と同じ。

三菱自はどうだったか。背景にはＶＷのような権力争いではなく、企業風土に問題があったといえる。この10年余り、三菱自は三菱グループ企業から各部門にプロが入って経営体質の改善を行ってきたものの、開発部門は聖域のようになっていたという。[★7]その開発部門で、他社を意識した燃費の目標が掲げられ、技術的に達成できなかったことから、不正に手を染めていくことになった。これだけをみれば開発部門に責任があるように思うかも知れないが、前提として目標を達成させて売上拡大を図ろうとする経営陣の姿勢は当然ながら影響しただろう。

ＶＷは不正ソフトの使用車が限定的だったこともあり、業績はすでに回復している。２０１６年には再び世界自動車総販売台数の首位に返り咲いた。これに対して三菱自は、燃費データの不正問題が収束していないこと、以前に発覚した大規模リコール隠しの影響が根強く残っていることがあり、回復は道半ばというところだ。多くのメディアが報じている通り、ゴーンによる再建が成功するか否かが注目されていくことになるだろう。

★７──ＮＨＫ ＮＥＷＳ ＷＥＢ「三菱自動車〝燃費不正〟の真相」http://www.nhk.or.jp/gendai/articles/3807/1.html

Case Study

❶両社が不正を行うまでに「燃費」を重視した理由を考えよう。

❷ＶＷは不正が発覚するも、その後の取り組みによって早期に業績を回復させた。その理由をあげてみよう。

ケース 19

横浜マンションにおける大規模建て替え問題

三井不動産レジデンシャル、三井住友建設、旭化成建材（日本）

- 横浜のタワーマンションで、建設時に杭打ちが不充分だったために建物の傾斜が起こった。
- 杭打ち業者が謝罪したニュースが多く報じられたが、３社とも行政処分を受けた。
- 関わる仕事の重要性を認識できるよう教育することがリスク回避につながる。

1 新築マンションの耐震性が意識されるなか発覚した事件

建築に関する不祥事といえば、2005年に起こった耐震偽装問題が記憶に新しい。これは行政による建築基準の確認が形骸化していた状況の間隙《かんげき》を縫って、コストや工期の圧縮につながるよう設計を偽装したものだ。事件自体は建築工によるものだったが、偽装により安全性に問題が生じること、偽装した設計で完工した建築物が各地に存在したこともあって、社会的にも大きな関心が寄せられた。

それから6年を経た2011年には、東日本大震災が発生。以後は「どの地域でもいつか大地震が起こるもの」との認識が一般化され、地震や津波への備えが重視される状況となった。耐震基準もしかるべきで、新設のマンションなどは軒並み地震また津波への強さを特長としてあげている。そうしたなかで発覚したのが、横浜市にあるタワーマンションの欠陥である。

問題となったタワーマンションでは、2014年に、住民から建物の1棟が傾いていると指摘があり、会社側が調査した結果、幅約56メートルの建物の両端で約2・4センチメートル差があることがわかった。[★1] 同マンションは三井不動産レジデンシャルが販売し、三井住友建設が元請け、旭化成建材が二次下請けを担当。問題発覚からほどなくして、まず旭化成建材が謝罪した。以下では、旭化成建材と元請けである三井住友建設それぞれについて、原因をみていこう。

2 常識的に行われていたデータ流用

同マンションは全部で4棟あるが、うち3棟で杭打ち時のデータ流用、改ざんを行っていた。旭化成建材の中間報告書[★2]（最終報告書は非公開扱い）をみると、次の点を原因分析としてまとめている。

①データ欠落が発生しやすい状況の存在
・現場が水、泥等でぬかるみ、汚れている
・計測装置を屋外に設置していた

★1—JCnet「三井不動産マンション不正杭データ・傾き問題　これまでの経過と建物概要　LaLa横浜」http://n-seikei.jp/2015/10/post-32785.html
★2—旭化成外部調査委員会「中間報告書」https://www.asahi-kasei.co.jp/asahi/jp/news/2015/pdf/ze160108.pdf

・スイッチの入れ忘れ、操作ミス
・管理不備によるインク切れ、記録紙切れ
・現場責任者と他の作業員のコミュニケーション不足
・記録紙、記憶媒体としてのＳＤカードの誤操作、バックアップデータへの依存による欠落
・施工データを適切に保管・管理する場所・環境がなかった
・現場責任者が杭工事完了後などに、まとめてすべての施工データの整理を行っていた

②データ欠落発生時の対応の不備

・施工データの管理手順・データ欠落時の対応ルールの未整備・不徹底
・データ管理に関する規程類、施工データ流用防止のためのチェック体制の欠落
・施工データの必要性、重要性、技術者倫理、コンプライアンス等に焦点を当てた教育の欠如
・施工データの取得・管理に対する意識の不足

③施工データの重要性に対する現場責任者らの意識の問題

・施工データ軽視の風潮

・電流計データが支持層到達確認の唯一の手法ではなかった
・必要なセメントミルクが確実に注入される作業手順になっていなかった
・データ欠落を報告しにくい環境があった

④杭事業の管理上の問題

・施工データの欠落が発生する実情に関する認識の不足
・社内全体への問題周知、原因究明、再発防止策の徹底等を講じることができなかった
・事業環境の厳しさ、高い専門性等を理由とする人員の固定化および業務フローの問題点の見過ごし

右記を見ても明らかだが、問題点が山積している。あらゆる業種、職種で問題点を抱えながら現場で作業等に取り組むということはあるだろうが、同社は②でもあげている通り、施行データの重要性を感じとれるだけの教育が必要だったといえる。この教育があってこそ、杭打ちの欠陥＝建築物のすべての利用者の人命に関わる可能性があるというリスクをイメージすることができる。そうなれば、ミスも防げたであろうし、欠落時にほかのデータを流用するといったこともなかっただろう。

ちなみに同社の中間報告書では、３０５２件中３６０件の施工データに流用があることが

判明している。これらは日本でこれから起こりうる地震で被害拡大をもたらす大きなリスクであり、早急な対応が求められる。

3 発注した側の責任

国土交通省は2016年1月13日、建設業法に基づき、元請けの三井住友建設、杭打ち施工の一次下請けの日立ハイテクノロジーズ、二次下請けで杭打ち施工に直接関わった旭化成建材の3社に対して行政処分を下した。[★3] 国としては元請け、一次下請けについても丸投げ行為を行ったことに対して、処分を下したのである。元請けの三井住友建設には国土交通省発注工事の1か月間の指名停止、また日立ハイテクノロジーズには15日間の業務停止、旭化成建材については15日間の業務停止に加え、再発防止の勧告（杭打ちデータ流用が発覚したほか8社も含む）も行われた[★4]（業務停止の営業範囲は国土交通省・関東地方整備局管内）。

これに対してメディアが旭化成建材によるデータ偽装を数多く報道したのは、ひとつには、元請けである三井住友建設の会見が影響していると思われる。三井住友建設の永本芳生副社長は、杭打ち工事を行った下請けの旭化成建材に対し、「信頼関係を過信していた。ちゃんとやってもらえると思っていた」「事前打ち合わせ通りの杭打ちをしてもらえず、裏切られた」と厳しく批判した。[★5] この記者会見のようすが強く印象づけられたために、メディアの報道は旭化成建材の不正に集中したのだろう。

だが、冷静に考えてみれば、これはおかしな話である。そもそも元請けは下請けに対する監督責任があり、万が一の事態には全責任を負う立場にあるはずである。これを、あたかも被害者のように振る舞う姿には違和感を持たざるを得ない。

結局のところ、問題の当事者であるマンションはすべての棟について建て替えを行うことが２０１６年９月に決まった。すでにほとんどの住民が仮住まいとなっている。さらに２０１７年２月10日には、杭以外でも地下や基礎部分の施工不良があったとして、傾斜した西棟を含む全４棟を建築基準法違反と認定した。[★6]

建て替えにあたっては、先の３社で金銭面を負担する。総額は４００億円ともいわれており、今後は負担の割合について協議をしていくことになるだろう。そしてマンションは

★３―東洋経済オンライン「横浜傾きマンション、３社行政処分の重い意味」http://toyokeizai.net/articles/-/101017
★４―★３と同じ。
★５―『毎日新聞』２０１５年11月13日付 http://mainichi.jp/premier/business/articles/20151112/biz/00m/010/01900c
★６―『東京新聞』２０１７年２月11日付 http://www.tokyo-np.co.jp/article/kanagawa/list/201702/CK2017021102000138.html

2017年春から解体がはじまり、2020年冬までの入居をめざすという。

4 「リスクの特定（調査・分析）」の教育による意識改革が急務

リスクマネジメントの分野においては、「リスクの特定（調査・分析）」がリスク処理の第一ステップである。これはリスクマネジメントの出発点であり、要するにリスクを発見するという最も初歩的な事柄である。[★7] 実際に多くの工事を行ってきた現場担当者ならば、当然リスクを発見することができるはずである。しかし、この「はず」というところに問題の根本がある。

自身また自身が担う仕事の中身とともに、役割や目的、重要度まで理解できれば当然ながら仕事の進め方は変わってくるものだ。また、生じるリスクも明確にイメージがもてるだろう。さらにいうと、リスクについて教育する機会があれば、間違いなくリスクマネジメントへの意識は高まるはずである。

しかしながら、先の通り工事関係者はリスクを発見し、イメージできている「はず」だったが、意識するに至っていなかった。これは経験による油断や注意喪失、リスク感性の低下などさまざまに理由があるだろう。だが、施工するすべての人は、人間が生活を営むうえで欠かせない「住」に携わっていることを認識し、これまで培った高度な専門技術を社会のために役立てていただきたい。

★7——亀井克之『現代リスクマネジメントの基礎理論と事例』法律文化社、2014年、48ページ。

Case Study

❶建て替えによって、住民はどのような負担を強いられることになるか考えてみよう。

❷データ流用を防ぐために、元請け、一次下請け、二次下請けの各社ができることを考えてみよう。

ケース 20

エンロンの不正会計問題とコーポレートガバナンス

エンロン（アメリカ）

- エネルギー卸売会社で全米 7 位の売上高を誇ったが、不正会計事件が報道され 2 か月足らずで倒産。
- 急成長を遂げた背景に不正会計があった。
- 本来は監査するはずの会計事務所までもが手を染めてしまい、問題発覚が遅れた。

1 インフラを扱う会社の不正問題

エンロンは、かつて存在したアメリカのエネルギー卸売会社であり、2000年には売上高で全米7位を誇っていた。[★1] だが、2001年10月には同社の不正経理が明るみになり、問題発覚からわずか2か月足らずで倒産した。巨大企業の不祥事とスピード倒産となった経緯については、さまざまな分野で研究が進んでいるが、リスクマネジメントの視点からは経営者の資質がリスクであること、またそうした経営者が生活に不可欠なインフラを担ったことにより生じるソーシャルリスクを指摘できる。

同社は1931年に、電力、ガス、パイプラインの関連企業が集って設立したノーザン・ナチュラル・ガスから出発している。1979年には再編を行い、持株会社インターノースが誕生。さらに1985年にインターノースがヒューストン・ナチュラルガスを吸収合併し、この翌年にエンロンの社名で出発を遂げた。このときにケネス・レイ（以下、レイ）が会長兼CEOに就任し、以降倒産まで実権を握る。

当初は天然ガス田を所有し、パイプラインで各所へ供給するというごく一般的な事業を行っていた。だが、同社は後述する「規制緩和」の波に乗ってガス田を売却する一方、パイプライン事業を展開しつづけながら、供給先に対するトレーディング事業を興した。また電力、通信といった分野への参入、さらにはトレーディング事業を１８００種類にまで拡大させたといわれる。これらは比較的短期間で大きな利益が得られる性質のビジネスであり、利益重視、企業規模の拡大に奔走する体質がこうした沿革からも垣間みえる。

2 急成長は、レーガノミクスの規制緩和にあり

エンロンは生活にとって不可欠なエネルギーを供給することを事業の主体としていた。この種の事業には他社が行う一般的な各種事業よりも安定性があり、急成長しない向きの性質があるのだが、当時は追い風が吹く状況があった。それは、ロナルド・レーガン大統領（当時）による経済政策「レーガノミクス」であり、その柱のひとつであった規制緩和である。先述のようにガス田を売却したのも、産出と輸送の分離について自由化が認められたからで

★1—野村資本市場研究所「エンロンの破綻と米国資本市場の課題」２００２年冬号 http://www.nicmr.com/nicmr/report/repo/2002/2002win03.html

★2—基本的な金融商品（株式や債券など）から派生した商品を「デリバティブ（金融派生商品）」という。デリバティブ取引の代表的な形態には、将来売買を行うことをあらかじめ約束する先物取引、将来売買する権利をあらかじめ売買するオプション取引などがある。

あり、のちに価格自由化が起こった際には、価格変動をもとにしたデリバティブ取引[★2]を事業化している。こうした動きが奏功し、同社は設立から7年後の1992年には、売上高64・2億ドル（当時平均レート換算で約8200億円）となり、全米最大のガス卸売会社になった。

さらに同社は、ガスと同様に起こった電力自由化の動きに目をつけ、1994年に電力のトレーディング事業に着手した。続く翌年には、イギリスでガス・電力のトレーディング事業を開始し、以後は世界展開を図っていく（具体化はしなかったものの、日本においても電力会社および施設の買収に関する噂が報じられたこともあった）。また、トレーディング事業では原油や石炭といった資源のほか、パルプや水、天候デリバティブ、排出権など[★3]1800種類が取引対象とされた。これにより売上は右肩上がりで推移し、ついに2000年には1000億ドル（当時平均レート換算で約1兆800億円）に達した。

3 不正疑惑からわずか2か月で倒産へ

事業内容はともかくも、売上高では躍進を続けた同社だったが、内部告発によって隠された不正経理の疑惑が明らかにされた。それは2001年10月17日付の『ウォールストリートジャーナル』が報じた、同社の不正経営についての記事報道である。

同社は子会社の特別目的会社[★4]（ＳＰＣ）の存在を利用し、同社の格付けや株価にネガティブな影響を与える負債、不良資産、また取引での損失を隠すために、連結決算対象外のＳＰＣを利用したのである。また、ＳＰＣ自体にも外部の第三者から出資があったようにみせる簿外取引も行った。さらに問題視されたのは、監査を行っていたのが全米有数の会計事務所であるアーサーアンダーセンだったことである。同事務所は世界５大会計事務所にも数えられ、８万５０００人ものスタッフを有する組織を誇っていた。不正経理自体に携わっていた訳ではないが、大量の資料を廃棄したことを捜査妨害として罪に問われてしまった。この事件がきっかけとなって、同事務所も数年後には消滅してしまう。

事件発覚後のエンロンは米国証券取引委員会の捜査を受けることになった。株価は10月16日の時点で33・17ドルあったが、24日で16・41ドルに下落。11月には競合社のダイナジーによる買収の話も生じるが、株価がさらに続落し、買収の前日には株式交換の算定基準株価（11・４ドル）を大きく下回る８・41ドルとなった。３週間でほぼ75％近い下げを演じたのだ

★３―鎌田信男「エンロン事件と米国のコーポレートガバナンス改革」『東洋学園大学紀要』２００４年、第12号、１２７〜１４１ページ。http://ci.nii.ac.jp/els/110000991763.pdf?id=ART0001172559&type=pdf&lang=jp&host=cinii&order_no=&ppv_type=0&lang_sw=&no=1489385328&cp=

★４―Specific Purpose Companyの略。金融機関や事業会社などが、資産の流動化や証券化といった特定の事業に関わる業務を行うために設立する法人のこと。

から、解消条項により買収話も吹き飛んでしまった。同年12月2日、ニューヨーク連邦裁判所に連邦破産法第11条（会社更生法に相当）の適用申請を行った。

4　経営者のモラル欠如とソーシャルリスク

同社は生活に不可欠なエネルギーとインフラを担う企業にもかかわらず、利益を優先させた事業展開を行ってきた。約2万人の社員の頂点にいたのは経営者のレイである。つまり、レイのモラル欠如こそが同社のリスクである。

一例をあげると、1987年に子会社のエンロン石油がトレーディングで多額の損失をだしたにもかかわらず、隠蔽した疑いがあるとして連邦政府から警告がでていた。これに対しレイは是正を行わず、無視する決断をし、同年11月に10億ドルの罰金を支払った。この時の「警告に対し無視をする」という意思決定が、後に続く問題を引き起こす要因となったのである。すなわち、これを見習い、失敗を隠ぺいすることがエンロンの仕事のやり方になった。その後は社内の告発体制もなく、90年代初頭から倒産が噂されつつも、資金は手数料さえ支払っていれば手に入った。エンロンは財務面のみならずモラルの面でも破綻していた。

もう一点見逃せないのは、このような企業の活動がソーシャルリスクにもなっていた点である。実際に2000年から2001年に起こったカリフォルニア電力危機は、複数の発電所をオペレーティングしていたエンロンによる供給量の低下、つまりはだし惜しみによって停電が起こっていた。これによって電力価格は高騰し、同社は利益をさらに積み上げることになったのだ。このときには、州が個人世帯向けの価格が著しく上昇しないようにしたが、業務用の電力価格は跳ね上がり、州全体の経済を悪化させた。これに関して生じた被害に関しては正確な統計データが残っていないものの、私たちの日常生活から考えれば、どれほどの悪影響を及ぼしたか想像にかたくない。また産業における機会損失もしかるべきである。こうした企業活動は、許されるものではないだろう。

このケースを教訓として、アメリカでは2002年に「サーベンス・オクスリー法（SOX法）」が制定された。これは厳正に会計処理を行うこと、そしてそれを財務諸表に正確に反映させることを米国の証券市場に上場しているすべての企業に義務づけたものであり、具体的には「経営者による企業の年次報告書の開示が適切であることの宣誓」と「内部統制報告書の作成の義務づけ」が求められる。「違反」の場合は「禁固刑10年以下または罰則100万ドル以下、あるいはその両方」「故意の違反」の場合は「禁固刑20年以下または罰則500万ドル以下、あるいはその両方」との罰則が規定されている。過去を教訓にした法整備は当然必要ではあるが、作業負担、そして問題の根底を冷静に考えれば、なにより問題を引き起こさない倫理観も含めた教育が重要だと考えられる。

Case Study

❶エンロン事件から学ぶべき教訓とは何か。考えてみよう。

❷エンロン事件によりアメリカに創設されたＳＯＸ法について、日本との内容比較をしてみよう。

インタビュー・講演・関連年表

インタビュー・講演

スポーツによる地域イノベーションを決断

アルビレックス新潟　取締役会長　池田弘

「アルビレックス新潟」と聞けば、サッカーに詳しい方なら、「Jリーグのクラブチーム」をイメージいただけると思う。当社は社名通りでプロのサッカーチームであるアルビレックス新潟の運営をしているが、アルビレックスの名を冠したクラブチームは、実はサッカーだけにとどまらない。バスケットボール、野球、陸上、スキー・スノーボード、レーシングチーム、チアリーディングなど、さまざまな種目・分野でクラブチームの運営会社がある。アルビレックスの名でブランド統一を図っているが、それぞれのクラブチーム運営会社は独立採算制にしており、各社が知恵をだし合いながら経営している点が特徴的といえるだろう。新潟は、全国的に〝雪〟のイメージが強く、1年通してトレーニングができない、スポーツとは縁遠いという印象があるかも知れない。そんな土地でスポーツを手がけること自体がリスクかも知れないが、このリスクをあえて選択することで県全体のイメージを転換させ、プラスの影響を与えることができているようで、非常に嬉しい限りである。

アルビレックス新潟がJ2への参入を果たしたのは1999年だが、この数年前には解散の話さえあった。1996年には県内企業のみなさんに協賛をいただき会社を立ち上げたが、これはワールドカップ開催と新潟への誘致という話題があったからで、クラブチーム経営は難しいものがあった。そうして思案しながらほかのクラブチーム運営を調べるなか、バルセロナの事例と出会うことができたのである。このクラブチームは、地元住民が後援会を立ち上げ、会費や観客動員で収入を得ていた。個人での出資は少額と思うかも知れないが、15万人という協賛者の数が大きな力になっているといえる。この事例を参考に当社は、新潟でも地区単位で後援会を立ち上げ、後援会長を中心に拡大していく形をとることにした。その結果、1万5000人もの方に協賛をいただき、2003年度には最多の観客動員数（年間で約66万人）を達成することができた。一般的にみられる「大企業がスポンサーとなっての運営」「有名選手を広告塔として起用する」というビジネスモデルとは一線を画す、新しいモデルになったと自負している。

スポーツが地域のイメージに与える影響はとても大きい。茨城県鹿嶋市はかつて「工業地帯」という印象だったが、鹿島アントラーズで人気選手が活躍したことで、サッカーのイメージが定着した。サポーターは地元以外でも増加し、東京駅からスタジアムまでバス運行をしていた時期もあった。これは世界でも同じことがいえる。マンチェスターやリヴァプールはサッカーの名門チームがある地域として知られるが、マンチェスターはかつて鉄鋼が盛んだった町であり、リヴァプールも港町だ。それがサッカーを通じて世界的に知られる地域となったのである。

新潟はかつて、サッカー不毛の地、スポーツ不毛の地といわれた。ところが今は、サッカーをする人口が増え、当社が運営に関わるサッカースクールにも1000人近くの子どもたちが通っている。道半ばかも知れないが、見える形で「サッカー王国」に近づきつつある。もちろん、サッカー以外の競技も同じく、アルビレックスはスポーツというコンテンツをもって、地方創生にインパクトを与えていきたいと思う。

▼企業データ

株式会社アルビレックス新潟（http://www.albirex.co.jp/）

1996年に設立。1999年にはJ2昇格を果たし、2003年には連日にわたる熱戦の末にJ1へ昇格。この年の年間観客動員数はJ2チームのなかで最多記録となった。また、2005年にはJ1チームのなかで最多年間観客動員数を達成している。2010年には日本代表メンバーを輩出しており、今後のさらなる活躍が期待される。

撤退の決断、勇気ある前進

アドバンスクリエイト　代表取締役　濱田佳治

当社は1995年に創業した。そのきっかけは翌年に控えていた新保険業法の施行により、保険の自由化が商機になると感じたからだ。知名度も見込客もない状態でスタートしたが、チラシをつくってはポスティングをするという、今のインターネット社会では信じがたいやり方でお客様をつかんでいった。全国各地にチラシを配布し、問い合わせがあったお客様へ通信販売で保険を売る。こうした手法をとる会社は当時まったく存在しなかったが、将来的には通販の時代が来るという確信があり、このワンモデルでビジネス展開した。そして2002年には当時の大阪証券取引所ナスダック・ジャパンに上場。保険専業代理店の上場としては日本初だった。

その後当社は、通信販売を補完する形で保険ショップを開いていく。2006年には全国で200店舗まで拡大したが、ここで上場以来初の減益となり、赤字状態に。ちょうどこの頃に、これまで出店に協力的だった銀行や商業施設が一斉に対応を変えてきたのである。社内では、「せっかくここまで出店したのだから、もう一度頑張ろう」との声もあった。だが、ここで私の頭のなかに浮かんだのは、「見切り千両」、そして「もうはまだなり、まだはもうなり」との言葉だった。これらは江戸時代からいわれており、現在も相場用語として使われているが、実際に自身もバブル崩壊時にたくさんの銀行が破綻する姿を知っていたからこそ、「切る」という決断をした。そして、店舗を全国23か所の「保険市場」に集約した。インターネットに軸足を変えていくと、翌年からは再び黒字に転換。さらに数年後には、周囲も当時の決断を評価する声へと変わっていったのだ。

経営には、「判断」と「決断」がある。判断は、さまざまな情報をキャッチし、分析して、理知的に頭で考えて結論をだす。対して決断は、判断によく似ているが、最後は肚《はら》の部分になる。これからの時代、判断することはＡＩが行うこともあるだろうが、決断だけは人間にしかできない。だから、経営は人間しかできないものだ。そして、決断の根拠となるのは学びであり、創業や相場での出来事が役立っていくのである。

さて、業界としては２０１４年また保険業法の改正があり、今度は厳格化されることになった。自由化となってからの20年間で、いろいろな方が代理店型販売に参入し、業界はレッド・オーシャン、過当競争時代に入っている。だが当社は２００６年に店舗型販売からインターネット型販売へとシフトしており、ブルーオーシャン戦略、つまりライバルがほとんどいない状態でビジネスができる。「撤退ではなく、勇気ある前進」。リスクマネジメントという観点では、まだ利益がでるかも知れない店舗型販売を撤退すること自体がリスクだが、そのリスクをあえてテイクした。それが、現在多くの会社が直面している過当競争というハザードを回避する決断になったといえるのではないだろうか。

▼企業データ

株式会社アドバンスクリエイト（https://www.advancecreate.co.jp/）

１９９５年に設立。２００２年に大阪証券取引所ナスダック・ジャパン（当時）に上場を果たす。２００４年には保険ショップ「保険市場」を開設し、その後はインターネット販売に注力。２０１５年には東京証券取引所市場第二部へ市場変更、翌２０１６年には同取引所市場第一部市場銘柄に指定を受けた。

仕事への情熱こそが最大のリスクマネジメント

イヴレス　代表取締役社長　山川景子

当社は、ホテル・旅館等宿泊施設の客室内に配置する備品（ステーショナリー、各種アメニティ）などの、オーダーメイド生産主体のメーカーとして、またインテリア全体のトータルコーディネートを、設計側・施設側と一から取り組み、〃おもてなし〃や〃しつらえ〃を演出する仕事をしてきた。

この事業を始めた当初は、国内で生産に協力してくれる工場が見つからず苦労したが、広くアジアに目を向けることで、高品質なアイテムを生産できる工場と出会い、理想とするものをカタチにし、供給することを実現させた。結果、ラグジュアリーホテルやシティホテル、高級旅館との取引が次第に増えて行き、「イヴレス」というコーポレートブランドの価値向上に大きく寄与する要因となった。

当社は、「イヴレスにしかできない」と思っていただきながらプロジェクトを進めることが、最大のリスクマネジメントであると確信している。

規模によってさまざまだが、ひとつのホテルには数百から数千もの取引業者が存在する。そうなればお互いに競合が存在し、価格競争になることも珍しくない。しかし当社は、そうした方向での事業展開をしていない。なぜなら、ショールームへわざわざ足を運び、「明日からでも取り組みたい」との声を寄せていただいたお客様や、当社の提案に心から賛同してくださるお客様が、ありがたいことに多数存在するからだ。情熱をもって接してくださる相手に、負けない情熱を持って全力で応える。それがイヴレスたる仕事の姿勢である。

時代が変われば、宿泊客のニーズやホテルに求める機能、トレンドも大きく変わる。そうした変化を敏感に察知し、絶えず学び取り、柔軟に対応するフレキシブルさが大切だと考えている。

当社にも幾度となく困難が訪れた。2011年3月の東日本大震災の折、その後に続く円高局面もあいまって、国内ではホテルの客室が埋まらない時期が続いた。宿泊業界は従来から厳しい経営環境ではあったが、この年の倒産件数は、実に100件を越えた（帝国データバンク）。

宿泊業界の業績は、当然ながら当社の業績にも直接影響した。この年の売上は、前年度比およそ半減となった。このときは利益度外視で、苦境を乗り切ろうとするお客様に寄り添い、全力で動いた。その後、2013年の東京オリンピック決定が追い風となり、ようやく宿泊業界にも春の季節がやってきた。そうしたなか、従来あまり取引実績のなかった宿泊特化型ホテルを運営する数社からご相談をいただくようになり、お客様の熱意も強く、当社も新しいフィールドでさまざまなことを学びながら、アイデアを一緒にブラッシュアップしていった。以後も取引は継続しているが、開業を手がけた多くのホテルは、大手宿泊予約サイトで大変高評価をいただいている。

当社は震災後、1年がかりで売上を持ち直し、以後は倍増させていくことができた。また、このときを機に貿易の取引形態の見直し、経営体質の改善を図り、安定度を高めることもできた。

今後もイヴレスは「イヴレスにしかできない」を実現し続け、時代とお客様が求めるニーズの一歩先を行く柔軟さに磨きを掛け、情熱を持って取り組んでいく考えである。

▼企業データ
イヴレス株式会社（http://www.ivresse.jp/）
1990年設立。本社は大阪市中央区にあり、ほか、東京と青島に事務所を置く。国内外合わせて数十の工場と提携し、ホテル備品やアメニティ類のオーダーメイド生産などを行っている。近年はインテリア全体のトータルプロデュースや、運営コンサル業も展開。

関連年表

1916年　アンリ・ファヨール（仏）が「産業ならびに一般の管理」発表。世界で初めてリスクマネジメントを企業経営の一分野として論じる。
1930年代　アメリカにて企業防衛のための費用管理の一形態として「保険管理」という考え方が生まれる。
1955年　亀井利明（日）が欧米のリスクマネジメント理論を日本に紹介。
1956年　ラッセル・ギャラガー（米）が論文「リスクマネジメント―コスト管理の新局面」発表。
1962年　キューバ危機が発生。前後して国家的危機に対する政策・戦略として「クライシス・マネジメント」という考え方が生まれる。
1978年　1月　片方善治『リスク・マネジメント―危険充満時代の新・成長戦略』。4月　亀井利明『危険と安定の周辺―リスク・マネジメントと経営管理』。9月　日本リスクマネジメント学会創立。
1982年　9月にジョンソン・エンド・ジョンソンの商品における毒物混入事件（タイレノール事件）が発生。4年後にも同様の事件が起こる。（→**ケース1**）
1984年　グリコ・森永事件が発生。これを契機に企業トップのセキュリティ確保、商品などの製品包装のあり方、脅迫への対応などを見直す機会となる。
1985年　ルノーが新車種「エスパス」を開発・販売。欧州にミニバン市場が創出され、世界的にミニバン普及。（→**ケース17**）
サンスターが社員の健康指導を目的に「サンスター心身健康道場」を創設。（→**ケース9**）
1995年　1月に阪神・淡路大震災が、3月に地下鉄サリン事件がそれぞれ発生し、危機管理に改めて注目が集まる。（→**ケース11**）
1999年　3月にカルロス・ゴーンが日産副社長兼COO着任。10月に「日産リバイバルプラン」を発表。4年ぶりに黒字経営へと導き、V字回復を成し遂げる。（→**ケース2**）
2000年　6月に雪印乳業による大規模食中毒事件が発生。2001年に雪印食品の牛肉偽装事件があり、牛乳のブランドとしての雪印は消滅。雪印食品は解散。（→**ケース3**）

2001年　9月にアメリカ同時多発テロ発生。国家レベルでのリスクマネジメントの重要性を広く社会に認知させる契機に。10月にエネルギー卸売会社・エンロンにて不正経理が発覚。2000年時点で全米第7位の売上高を誇っていたが、不正発覚から2か月足らずで倒産。（→ケース20）

2002年　4月1日にみずほ銀行が誕生。しかし合併初日から大規模システム障害を起こす。（→ケース15）

2004年　トレッドウェイ委員会支援組織委員会（COSO、米）がエンタープライズ・リスク・マネジメント（ERM）を発表。日本でもこの考え方を参考に全社的リスクマネジメントのしくみを創設する企業が増加。

2008年　フランス進出に失敗したモンダヴィを、コンステレーション・ブランズが買収。「カリフォルニアワインの父」と称された創業者ロバート・モンダヴィをはじめ一族が経営権を失う。（→ケース7）
第一三共がインドの製薬メーカー大手であるランバクシー・ラボラトリーズを買収。しかしその後、製造体制の問題から一時的に対米禁輸措置がとられ、インド国内の他メーカーへ売却（2014年）。（→ケース16）

2009年　リスクマネジメントの国際規格としてISO31000が発行される。

2011年　3月11日に東日本大震災が発生。広範な地域での津波被害や原発事故を契機としてBCP（事業継続計画）が注目されるようになる。10月30日、東北大学工学部の学生がTEDxTohoku開催（→ケース11）
大王製紙の井川意高社長（当時）が会社法違反で起訴に。翌年には実刑判決が確定。（→ケース4）

2014年　6月にベネッセコーポレーションから個人情報の漏えいが発覚。信用失墜から会員数を大きく減らす。（→ケース13）
7月に突如、大塚家具の大塚久美子社長が取締役会で解任。以後、父娘の間で経営に関する争議が続く。（→ケース6）
横浜市内のタワーマンションにて建物の傾斜によって段差が生じたことが発覚。原因として杭打ち時のデータ改ざん・流用があったとして旭化成建材など3社に行政処分が下された。（→ケース19）

2015年　東芝において不正会計事件が発覚。その後、次々に不正が明るみになり、現在も真相究明と対応がつづけられている。
5月に日本年金機構による個人情報漏えい事件が発生。ウイルス感染が拡大し、125万件の個人情報が流出。（→ケース5）
9月にアメリカ環境保護局が、フォルクスワーゲンによるデータ不正を発表。この翌年には三菱自動車も同様のデータ不正が発覚した。（→ケース14）

2016年　4月に熊本地震が発生。4月14日と16日の2度、震度7の地震が発生したのに加え、震度6弱以上の地震がたびたび起こるが、過去を教訓にしたBCPが奏功し早期復旧を果たす企業がみられた。（→ケース18）

おわりに

本書もゴールを迎えた。フルマラソンなら42キロ地点。残り195メートル。東京マラソンなら東京駅を背にして、ロンドンマラソンならバッキンガム宮殿を背にラストスパート。決断力をテーマにリスクマネジメントのケースをまとめるという長いレース。沿道から応援してくださったみなさんに感謝する。

とりわけ、筆者が最後まで走り抜くのを本当に辛抱強く支えて下さった桂樹社グループの狩生有希さんとシュウ＝ライターズインクの小田宏一さんに心から感謝申し上げる。関西大学の各施設、アイスアリーナ、新設された梅田キャンパス、東京センター、高槻《たかつき》ミューズキャンパスと、実にさまざまな場所で打ち合わせを行った。

本書が読者のみなさんにとって何かのヒントになれば幸いである。

本書を締めくくるにあたり、「はじめに」で示した10項目を補いながら、リスクに直面してジレンマ的状況に陥った際の決断の要点として、次のページに新しいリスクマネジメントのフレームワーク（リスクマネジメントの「り」論）提示を試みておこう。

リスクマネジメントの「り」論

リスクの「り」 ―ジレンマ―

先送り（先送リスク）　先送りする　⟷　今すぐ実行する
有効なリスク対応策が案出されながら、「まあ大丈夫だろう」と採用しない。社内の意見や消費者の声に真摯に対応せず放置。コストが負担できない、コストに見合うベネフィットが得られないと判断して対応をしない。何となく放置。意図的に放置。

縦割り（縦割リスク）　縦割りで全体のリスクがみえない　⟷　横のつながりをもつ
カルロス・ゴーンのいう「クロスファンクショナリティ」（部門横断型対応）の欠如。

偽り（偽リスク）　嘘をついてそれが発覚する　⟷　外から指摘される前に公表
嘘をついて発覚すると起こった出来事の枠を超えて想定以上に批判される。

見て見ぬふり（見て見ぬふリスク）　「否認」　見て見ぬふり　⟷　事実を受け入れる
不都合な事実が発覚しても、部下は上司に正しく報告しない。上司は聴く耳をもたない。

先走り（先走リスク）　不確かな情報に基づいて行動　⟷　確かな想定と対応
事前の調査（リスク特定・分析・評価）が不十分なまま、決断してしまう。

ひとりよがり（ひとりよがリスク）　ワンマン暴走　⟷　風通し・意見のいえる番頭的存在
経営者リスク。ものいえぬ雰囲気、風通しの悪さ。ワンマン経営者の間違った決断。

ひきこもり（ひきこもリスク）　視野が狭い　大局観の欠如　⟷　幅広い視野
経営近視眼。自社の常識。世間の非常識。自分の業界しか知らない。海外・他社状況無知。

焦り（焦リスク）　焦り・あわて　⟷　落ち着いて対処
リスクに直面すると、時間や情報がない場面となり、落ち着きを失い焦ってしまう。

リスク対応：リスペクトの「り」 ―尊重―

つながり　縦割りの弊害を是正するために部門横断的なつながりを尊重する。
組織における風通しのよい人間関係を尊重する。ぬくもり。温かみ。

思いやり　現場で安全管理やリスク対応に努力している人たちへのリスペクト。
トップの暴走や決断ミスで、苦しい思いをしている従業員へのリスペクト。

段取り　リスク特定・評価・分析・対応の各プロセスの遂行。

語り　どんなリスクに直面しているか、どう対応するかについてコミュニケーション。

香り　手触り　心の危機管理における癒しの効果を大切にする。

ふりかえり　災害から教訓を得る。

悟り　いつかどこかで自然災害に遭う覚悟。最悪の事態（ワースト・シナリオ）の想定。

さらに学びたい人のための図書案内

リチャード・S・テドロー

『なぜリーダーは「失敗」を認められないのか』（土方奈美訳、日経ビジネス人文庫、2015年）

「不都合な事実」が発覚した時に、リーダーはどのように決断すべきか。「否認」してしまった企業が払った大きすぎる代償。「否認」することなく危機に立ち向かったジョンソン・エンド・ジョンソンのタイレノール事件の事例を含む。

亀井利明原著　上田和勇編著

『リスクマネジメントの本質』（同文舘出版、2017年）

日本におけるリスクマネジメント研究のパイオニアであった亀井利明（2016年没）の原著。生涯をかけて綴った数々のリスクマネジメント書から、弟子たちが選び抜いた本質。亀井利明理論のエッセンスを収録し、その体系化を試み、さらにコメント、演習問題、キーワード、ねらいを補筆。

上田和勇

『事例で学ぶリスクマネジメント入門 第2版』（同文舘出版、2014年）

企業の復元力と持続力を生む8つのキー・コンセプトを軸に事例がまとめられている。同氏による『ビジネスレジリエンス思考法』（同文舘出版、2016年）もおすすめ。

湯浅邦弘

『ビギナーズ・クラシックス 貞観政要—中国の古典』（角川ソフィア文庫、2017年）

中国の古典。帝王学の最高傑作。「混迷する現代社会のなかで、組織をどう運営するか」「強いリーダーシップとは」「部下の諫言《かんげん》に聞く耳を持つ重要性」「築き上げた組織を守り、継承発展させていくことの重要性」など、リスクマネジメントを考えるうえで重要な内容が散りばめられている。

関西大学社会安全学部編

『東日本大震災復興5年目の検証―復興の実態と防災・減災・縮災の展望』

（ミネルヴァ書房、２０１６年）

防災と危機管理を総合的かつ文理融合的に教育・研究する日本で唯一の学部が総力を結集してまとめ上げた東日本大震災からの教訓書。Elsevier 社からの英訳版も刊行される。

カルロス・ゴーン、フィリップ・リエス

『カルロス・ゴーン経営を語る』

（高野優訳、日経ビジネス人文庫、２００５年）

カルロス・ゴーン関連書の古典。日産自動車を立て直したカルロス・ゴーンによる「優先順位」「現場」「クロスファンクショナリティ」を重視した危機管理の実践がまとめられている。最近のゴーン書として日産財団監修、太田正孝・池上重輔編著『カルロス・ゴーンの経営論―グローバル・リーダーシップ講座』（日本経済新聞社、２０１７年）がある。

石巻赤十字病院・由井りょう子

『石巻赤十字病院の１００日間　増補版』

（小学館、２０１６年）

東日本大震災における医師・看護師・病院職員たちの苦闘の記録。「想定外を想定した備え」「ハード面の対策（3メートル盛り土して建設、非常時に備えた空間確保）」「ソフト面での対策（教育・訓練）」など、災害に強い病院がいかにできたかを解説。当時の院長・飯沼一宇は TEDxTohoku2011 に登壇。

後藤俊夫監修『長寿企業のリスクマネジメント——生き残るためのDNA』（第一法規、2017年）

日本におけるファミリービジネス研究の第一人者が「人事リスク」「事業リスク」「天災リスク」「倫理リスク」の危機対応を説く。長寿企業の「くめども尽きぬ教訓」を公開。「リスク発生」→「選択肢」→「実際の決断と行動」という形で明快に事例がまとめられている。

石井至『図解リスクのしくみ——基礎知識の理解から具体的リスクへの対処法まで 第2版』（東洋経済新報社、2011年）

先行研究を踏まえたうえで、リスクとリスクマネジメントの基本的な考え方をわかりやすく解説している。

藤江俊彦『実践危機管理読本——リスクマネジメントの基本から不祥事・災害対策まで 改訂新版・増補』（日本コンサルタントグループ、2012年）

危機管理広報（クライシス・コミュニケーション）を軸に、企業リスクマネジメント全般にわたり解説している。

奈良由美子『生活リスクマネジメント——安全・安心を実現する主体として 改訂版』（放送大学教育振興会、2017年）

リスクマネジメントの枠組みを生活にあてはめて解説した本。リスク認知やリスクガバナンスに及ぶ内容。実証的な学術的研究をベースにしており、じっくり学習したい読者に向いている。

河田惠昭『新時代の企業防災──3・11の教訓に学ぶ地震対策』（中災防新書、2013年）

防災・減災研究の世界的権威が、国難となり得る首都直下地震や南海トラフ巨大地震に備えて企業の危機管理はどうあるべきかを豊富な現地調査に基づいて提言。同氏の『日本水没』（朝日新聞出版、2016年）もおすすめ。

仁木一彦『図解ひとめでわかるリスクマネジメント 第2版』（東洋経済新報社、2012年）

監査法人に勤務する筆者による実践的かつわかりやすい内容の本。企業リスクマネジメントの意義と現状を俯瞰することができる。

林良造・損害保険ジャパン・損保ジャパン・リスクマネジメント編『ケースで学ぶERMの実践──エンタプライズ・リスクマネジメント』（中央経済社、2010年）

企業によるERMの実践がわかりやすくまとめられている。

野口和彦『リスク三十六景──リスクの総和は変わらない どのリスクを選択するかだ』（日本規格協会、2015年）

リスクマネジメントの本質をスポーツなど日常社会のさまざまな風景と共に読み解く。リスクマネジメントの国際規格ISO31000の策定に日本から加わった筆者ならではの着眼点。ISO31000の項目が順番に示され、読み進むうちに理解できるように構成されている。

矢守克也・吉川肇子・網代剛

『防災ゲームで学ぶリスク・コミュニケーション――クロスロードへの招待』

(ナカニシヤ出版、2007年)

クロスロードとは決断の分かれ道。災害時はジレンマ的状況で決断に迷うことが多々ある。「避難所に3000人が避難しているとの確かな情報。現時点で確保できた食料は2000食。以降の見通しは今のところなし。まず、2000食を配る?」YesかNoか。なぜYesなのか。なぜNoなのか。こうしたカードゲーム「クロスロード」を通じてリスク・コミュニケーションを学ぶ本。

関西大学経済・政治研究所子どもの安全とリスク・コミュニケーション研究班編

『子どもの安全とリスク・コミュニケーション』

(関西大学経済・政治研究所、2014年)

リスクマネジメントの枠組みを用いて考えた子どもの安全に関する提言。防災教育の実践例。

◇わ行◇

◇欧文◇

索　引

（＊は人名）

［著者］

亀井 克之（かめい かつゆき）

1962年　大阪府生まれ。
1990年　大阪外国語大学（現：大阪大学）大学院修士課程フランス語学専攻修了。
1998年　フランス　エクス・マルセイユ第三大学　DEA（経営学）。
2002年　大阪市立大学大学院　博士（商学）。
　　　　関西大学総合情報学部専任講師、同助教授、同教授を経て、
現　在　関西大学社会安全学部教授　日本リスクマネジメント学会副理事長・事務局長
　　　　日仏経営学会常任理事　ファミリービジネス学会理事など。
主　著　『日本的リスクマネジメント理論の現代的意義』（共編著）関西大学出版部、2016年
　　　　『新たなリスクと中小企業』（編著）関西大学出版部、2016年
　　　　『新版フランス企業の経営戦略とリスクマネジメント』法律文化社、2001年
　　　　（渋沢・クローデル賞　ルイ・ヴィトン ジャパン特別賞）

［編集］ 小田宏一
　　　　株式会社桂樹社グループ（狩生有希）
［本文デザイン］ 宗利淳一
［協力（50音順）］
株式会社アドバンスクリエイト　AMAROK　株式会社アルビレックス新潟
一般財団法人あんしん財団　イヴレス株式会社　エーザイ株式会社　NSGグループ
サンスター株式会社　ジョンソン・エンド・ジョンソン株式会社　TEDxTohoku
日産自動車株式会社　堀金箔粉株式会社　マス・ド・ドマ・ガサック
ルネサスエレクトロニクス株式会社

シリーズ・ケースで読み解く経営学 3
決断力にみるリスクマネジメント

2017年7月25日　初版第1刷発行　〈検印省略〉

定価はカバーに
表示しています

著　者　亀　井　克　之
発行者　杉　田　啓　三
印刷者　和　田　和　二

発行所　株式会社　ミネルヴァ書房
607-8494　京都市山科区日ノ岡堤谷町1
電話代表（075）581-5191
振替口座　01020-0-8076

平河工業社

ISBN978-4-623-08059-5

Printed in Japan